내 채널이 상점이 되는

유튜브 쇼핑

내 채널이 상점이 되는
유튜브 쇼핑

초판 인쇄일 2024년 11월 6일
초판 발행일 2024년 11월 13일

지은이 전진수
발행인 박정모
등록번호 제9-295호
발행처 도서출판 **혜지원**
주소 (10881) 경기도 파주시 회동길 445-4(문발동 638) 302호
전화 031) 955-9221~5 팩스 031) 955-9220
홈페이지 www.hyejiwon.co.kr
블로그 blog.naver.com/hyejiwon9221
인스타그램 @hyejiwonbooks

기획·진행 이찬희
표지 디자인 김보리
본문 디자인 유니나
영업마케팅 김준범, 서지영
ISBN 979-11-6764-075-8
정가 18,500원

카페24 x 구글 x 유튜브
온라인 스토어 연동 따라하기

내 채널이 상점이 되는

유튜브
쇼핑

전진수 지음

혜지원

새로운 소비 트렌드, 유튜브 쇼핑과의 만남

　초창기 사업은 큰 어려움과 작은 실패의 연속입니다. 저 또한 좌절감과 불안감 속에서 끊임없이 새로운 시도를 이어갔고, 그 과정에서 얻은 다양한 경험들이 소중한 자산이 되었습니다. 그런 시간이 지나고 지금은 강의와 제품 판매라는 두 가지 사업을 안정적으로 운영하게 되었습니다. 이런 저의 노하우를 바탕으로 유튜브 쇼핑 시스템 구축에 관한 내용을 공유하고자 이 책을 집필하게 되었습니다.

　끊임없이 변화하는 세상 속에서 새로운 시스템을 만들고 싶었던 저에게 유튜브 쇼핑은 좋은 기회였습니다. 그동안의 쇼핑몰 운영과 강의 경험을 바탕으로 영상을 제작해 상품을 연결해 보았고, 영상을 본 시청자들이 직접 상품 페이지로 이동하여 구매하는 모습을 보며 유튜브 쇼핑의 잠재력을 확신했습니다. 특히 카페24 쇼핑몰 시스템과 연동되어 유튜브를 통한 상품 소개, 인앱 결제 등 다양한 기능이 추가되면서 유튜브 쇼핑은 우리의 소비 일상 안으로 들어와 더욱 큰 시장으로 성장할 것으로 예상됩니다.

　이 책은 유튜브 쇼핑을 처음 시작하는 분들을 위한 맞춤형 가이드입니다. 온라인 사업 초보자도 쉽게 따라할 수 있도록 상세하고 친절하게 설명했으며, 실제 현장에서 부딪혔던 문제점과 해결 방안을 생생하게 담았습니다. 이미 유튜브 채널을 운영하고 있으면서 새롭게 스토어를 연계하려는 분은 물론, 유튜브 쇼핑을 활용하기 위해 처음으로 채널을 만들고자 하는 분까지 모든 분에게 필요한 책이 되도록 노력했습니다.

　책에서는 채널 개설부터 상품 관리, 마케팅 전략까지 유튜브 쇼핑의 모든 과정을 7단계로 상세하게 안내합니다. 온라인 마켓의 이해부터 시작하여 유튜브 채널 구축, 쇼핑몰 연

동, 상품 관리, 주문 처리, 마케팅 전략 수립, 그리고 지속적인 성장을 위한 로드맵까지, 유튜브 쇼핑을 시작하기 위한 모든 것을 담았습니다. 특히 사업자등록, 통신판매업 신고, 아이템 선정, 광고 실행 등 실전적인 부분에 대한 자세한 설명과 함께 유튜브 스튜디오 활용법, 쇼핑몰 디자인, 고객 여정 지도 등 전문적인 지식까지 제공하여 초보자도 쉽게 따라 할 수 있도록 구성하였습니다.

유튜브 쇼핑이라는 흥미로운 세상에 첫발을 내딛는 여러분을 진심으로 환대하며 새로운 도전에 대한 격려와 응원을 보냅니다. 이 책이 여러분의 꿈을 향한 여정에 든든한 동반자가 되어, 유튜브 쇼핑이라는 새로운 영역에서 성공적인 비즈니스를 구축하는 데 큰 도움이 되기를 바랍니다.

저자 전진수

목차

Part. 5 유튜브 쇼핑 운영 관리

Part. 6 유튜브 광고 이해 및 실행

Part. 7 지속적인 유튜브 쇼핑 운영 방법

Part. 1

유튜브 쇼핑의 이해

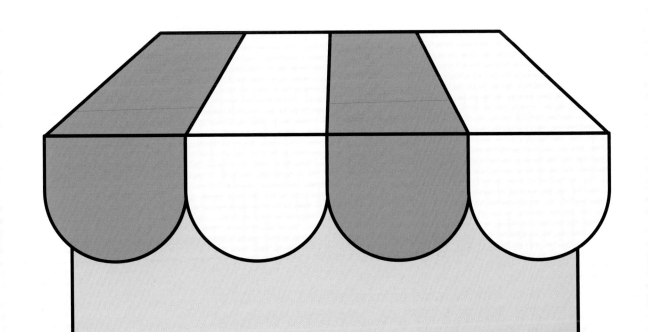

새로운 기회, 유튜브 쇼핑

우리는 스마트폰을 항상 가까이하고, 잠들기 전까지도 유튜브를 보며 시간을 보내곤 합니다. 유튜브는 이제 단순한 영상 플랫폼이 아니라, 꿈을 키울 수 있는 곳이 되었습니다. 유튜브 쇼핑이란 영상을 보면서 바로 관련 제품을 구매할 수 있는 기능입니다. 이 기능 덕분에 많은 사람들이 유튜브를 통해 새로운 쇼핑 경험을 하고 있습니다. 가격만으로는 차별화하기 어려운 시장에서 유튜브 쇼핑은 많은 이용자들의 관심을 받으며 이커머스 시장에서 새로운 바람을 일으키고 있습니다. 유튜브 쇼핑은 다양한 콘텐츠와 데이터 분석 기술을 활용해 누구나 쉽게 자신의 제품을 알릴 수 있는 기회를 제공합니다.

1 ▷ 유튜브 쇼핑이란?

유튜브 쇼핑은 크리에이터가 쇼츠, 동영상, 라이브 스트리밍을 통해 제품을 홍보하고 판매하는 유튜브의 공식 쇼핑 기능입니다. 시청자는 동영상에 표시된 제품 태그를 클릭하거나 링크를 통해 바로 구매할 수 있어 편리합니다.

❶ 유튜브에 상품이 노출되는 곳

❶ 제품 섹션

영상 하단 공간을 활용하여 대표 상품 몇 가지를 진열하여 시청자들이 내 쇼핑몰로 쉽게 방문할 수 있습니다.

❷ 상품 고정

실시간 채팅에 상품을 고정시켜 영상을 통해 홍보 중인 상품을 더욱 효과적으로 노출시킬 수 있습니다.

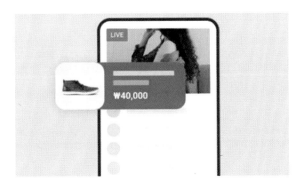

❸ 채널 스토어

유튜브 채널 페이지 스토어 탭을 통해 내 브랜드의 상품을 진열하여 소비자들이 내 쇼핑몰로 쉽게 방문할 수 있습니다.

❹ 제품 보기

쇼츠, 일반 동영상, 라이브 화면의 버튼을 누를 시 영상과 연관된 제품 목록이 나타나 제품 상세 정보를 보며 구매하려는 소비자들이 내 쇼핑몰로 쉽게 방문할 수 있습니다.

온라인 사업 이해

시스템 구축

상품 관리

운영 관리

유튜브 광고

지속적 운영

유튜브 쇼핑은 단순한 쇼핑 채널을 넘어, 새로운 트렌드를 이끌어가는 혁신적인 플랫폼으로 자리매김하고 있습니다. 최근 들어 유튜브 쇼핑은 가파른 성장세를 보이며, 앞으로도 그 성장세가 지속될 것으로 예상됩니다. 연예인, 크리에이터, 스포츠 스타 등 다양한 인플루언서들이 유튜브 쇼핑을 통해 팬들과 소통하고, 특별한 상품을 선보이며 팬덤을 확고히 하고 있습니다. 또한 흥미로운 콘텐츠와 함께 쇼핑을 결합하여 소비자들에게 즐거운 쇼핑 경험을 제공하고 있습니다.

최근 유튜브 쇼핑으로 날개를 단 소신사장TV의 사례를 봅시다. 소신사장TV는 유튜브 쇼핑 라이브 스트리밍을 하며 한국 패션을 소개하고 있습니다. 라이브를 보는 사람들은 유튜브 쇼핑 기능으로 제품을 바로 구매할 수 있습니다. 소신사장TV는 국내에만 국한되지 않고 해외의 고객들에게도 많은 관심을 받고 있습니다.

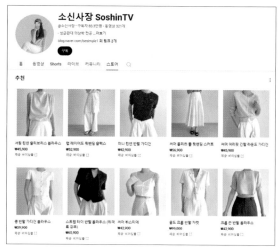

[출처: 아이뉴스 24 / 소신사장TV 유튜브 쇼핑 라이브 스트리밍]

유튜브 쇼핑은 유튜브에 쇼핑몰을 연동하여 운영하는 방식입니다. 유튜브와 제휴하여 진행할 수 있는 쇼핑 플랫폼은 아래 화면과 같이 총 4개가 있습니다.

[유튜브 쇼핑 연동 가능 플랫폼]

이 책에서는 카페24 플랫폼에 쇼핑몰을 개설하고 유튜브 쇼핑을 연동하여 운영하는 방법을 설명합니다. 앞으로 유튜브 개설과 쇼핑몰 연동 및 모든 내용을 단계별로 설명할 예정입니다. 하나하나 잘 준비하여 유튜브 쇼핑을 통해 온라인 사업의 성공 기회를 만들어 가시기를 바랍니다.

❷ 유튜브 쇼핑의 강점 다섯 가지

❶ 몰입감 있는 영상 콘텐츠

크리에이터의 재능이 담긴 콘텐츠를 통해 팬덤을 형성하여 제품 판매가 활성화됩니다. 제품의 특징, 사용법, 후기 등을 생생하게 보여 주는 영상 콘텐츠는 소비자들에게 직관적인 정보를 제공하여 제품 이해도를 높이고 구매를 유도합니다.

❷ 소통과 상호작용

유튜브 댓글, 채팅 기능을 통해 소비자들은 제품에 관한 질문이나 의견을 실시간으로 남길 수 있으며, 판매자는 이에 즉각적으로 응답하며 소통할 수 있습니다. 이러한 소통은 소비자들의 만족도를 높이고 브랜드 충성도를 강화하는 데 기여합니다.

❸ 다양한 타겟팅 전략

유튜브 채널의 구독자 분석을 통해 성별, 연령, 관심사 등 다양한 기준으로 타겟팅된 광고를 진행하면 광고 효율을 높이고 불필요한 비용을 절감할 수 있습니다.

❹ 데이터 기반 분석

유튜브 채널의 조회 수, 좋아요, 댓글 수 등 다양한 데이터를 분석하여 소비자들의 트렌드를 파악하고 효과적인 마케팅 전략을 수립할 수 있습니다.

❺ 새로운 판매 방식

영상 콘텐츠를 시청하던 소비자가 상품 링크를 클릭해 쇼핑몰로 이동하여 구매하는 유튜브 쇼핑은 기존의 온라인 쇼핑몰이나 오프라인 매장과는 다른 새로운 쇼핑 방식입니다. 유튜브 운영자와 판매자에게 새로운 기회를 제공하는 동시에, 소비자에게는 다양한 선택지를 제공합니다.

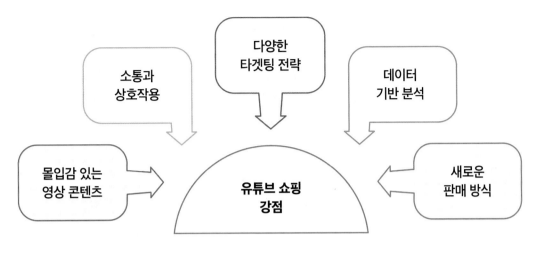

[유튜브 쇼핑 강점 다섯 가지]

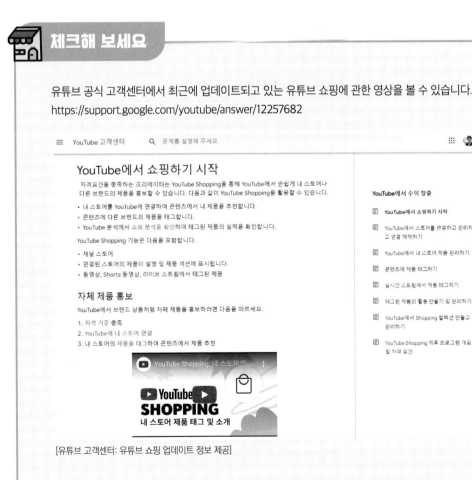

[유튜브 고객센터: 유튜브 쇼핑 업데이트 정보 제공]

2 ▷ 유튜브 쇼핑을 위한 이커머스 트렌드 이해

오늘날 이커머스 시장은 단순히 제품을 구매하는 플랫폼을 넘어, 콘텐츠를 소비하며 쇼핑하는 새로운 시대로 진입하고 있습니다. 이 변화는 소비자들의 쇼핑 방식에도 큰 영향을 미치고 있습니다. 이커머스 시장의 최신 트렌드를 보면 아래와 같이 세 가지를 뽑을 수 있습니다.

① 콘텐츠 소비가 이끄는 시대, 이커머스 시장의 트렌드

❶ 새로운 쇼핑 채널의 등장: 유튜브 쇼핑

유튜브 쇼핑은 협찬을 받거나 PPL 광고가 아닌 이커머스 기능을 유튜브에 탑재하는 방식입니다. 유튜브 쇼핑 기능을 통해 사용자들은 영상 시청 중에 제품 태그를 클릭하거나, 영상 하단에 있는 구매 및 다양한 방식으로 바로 제품을 구매할 수 있습니다. 이는 기존의 복잡한 구매 경로를 단순화시켜 사용자의 이탈률을 줄이고, 콘텐츠 소비와 쇼핑이라는 두 가지 경험을 하나로 통합하는 새로운 형태의 '콘텐츠 소비 쇼핑'입니다.

❷ 감성적인 소비 트렌드: 영상으로 제품 스토리 전달

이미지와 텍스트보다 더욱 생생하고 감각적으로 제품 정보를 전달하는 영상은 소비자들의 구매 욕구를 자극하는 강력한 도구입니다. 제품 스토리, 제품 사용법, 사용 후기 등을 영상으로 보여 주는 방식은 소비자들에게 제품에 대한 이해도를 높이고 구매 결정을 용이하게 합니다.

❸ 소비자 중심의 커뮤니티 형성: 경험 공유

소비자들은 단순히 제품을 구매하는 것을 넘어, 다른 소비자들과 경험을 공유하고 소통하며 쇼핑을 즐기는 경향이 강해지고 있습니다. 이러한 소비 트렌드는 제품 리뷰, 사용 후기, 팁 공유 등이 활발하게 이루어지는 온라인 커뮤니티의 성장으로 이어지고 있습니다.

이러한 변화에 발맞춰 이커머스 기업들은 콘텐츠 마케팅에 투자를 확대하고 있으며, 유튜브 채널 운영, 인플루언서 마케팅, 라이브 커머스 등 다양한 콘텐츠 마케팅 전략을 통해 소비자들에게 제품을 홍보하고 브랜드 인지도를 높이는 노력을 기울이고 있습니다. 콘텐츠 소비 쇼핑은 앞으로 더욱 발전할 것으로 예상되며, 인공지능, 가상현실, 증강현실 등의 기술과 결합하여 더욱 개인화되고 몰입감 있는 쇼핑 경험을 제공함으로써 시장이 확대될 것으로 예상됩니다.

② 이커머스 시장 성장의 주요 요인

❶ 모바일 쇼핑의 증가

스마트폰 대중화와 다양한 쇼핑 앱의 발전, 간편 결제 시스템의 확대로 언제 어디서든 편리하게 맞춤형 쇼핑을 즐길 수 있게 되면서 온라인 쇼핑 시장의 성장을 가속화하고 있습니다.

❷ 온라인 플랫폼의 서비스 개선

온라인 플랫폼은 다양한 상품, 개인화된 추천, 빠른 배송과 반품 서비스를 통해 소비자 만족도를 높이고 있으며, 경쟁적으로 서비스를 개선하며 소비자들에게 더 나은 쇼핑 경험을 제공하고 있습니다.

❸ 소비자들의 쇼핑 패턴 변화

바쁜 현대인들은 다양한 정보를 바탕으로 제품을 비교하고, 편리함과 가격, 정보 접근성, 그리고 새로운 경험을 추구하는 소비 트렌드에 따라 온라인 쇼핑을 선호하며 즐깁니다.

 체크해 보세요

다른 사람들은 유튜브 쇼핑을 어떻게 준비하고 있는지 검색을 통해 볼 수 있습니다. 검색 사이트에 유튜브 쇼핑을 검색해 보세요.

> Ⓝ **유튜브 쇼핑**　　　　　　　　　　　⊞ ▾ Q
>
> 연예계 스타 인기 상품이 **카페24** 자사몰로 모이는 까닭
> **카페24**는 오랜 업력을 바탕으로 폭넓으면서도 최신 커머스 시장 트렌드에 맞는 기능을 제공하고 있다. 실제로 QWER숍과 리슬은 '**유튜브 쇼핑**' 기능을 활용해 유튜브 채널과 콘텐츠에서 상품을 노출하고, 이에 관심이...
>
> Ⓢ 서울경제 · 1일 전 · 네이버뉴스　　　　　　　　　⁝
>
> "다양한 팬덤 굿즈 출시"...QWER 앨범도 **유튜브 쇼핑**으로 만난다
> 글로벌 전자상거래 플랫폼 '**카페24**'는 걸밴드 'QWER'의 공식 상품(굿즈)을 판매하는 D2C 스토어 'QWER숍'의 구축·운영과 유튜브 쇼핑 시장 진출을 지원했다고 밝혔다. QWER은 지난해 10월 313만 유튜브 구독자를 보...
>
> ◉ 전자신문 · 17면 3단 · 6일 전 · 네이버뉴스　　　　　　⁝
>
> [콘텐츠 **쇼핑**과 만나다] "한복 매력 세계에 알린다"...BTS도 찾은 그
> 또 **카페24** '**유튜브 쇼핑** 전용 스토어'를 개설한 뒤 유튜브 채널과 콘텐츠 내에 상품을 노출해 성공적으로 매출을 확장하고 있다. 온·오프라인 전체 매출 중 리슬 유튜브를 포함한 D2C 스토어 매출 비중은 70%에 달한다. ...

3 ▶ 유튜브 이용 현황

Statista 최신 자료에 따르면, 전 세계 유튜브 이용자 수는 약 26억 명에 달하며, 대한민국에서만 약 4천 2백만 명이 유튜브를 시청하고 있습니다.

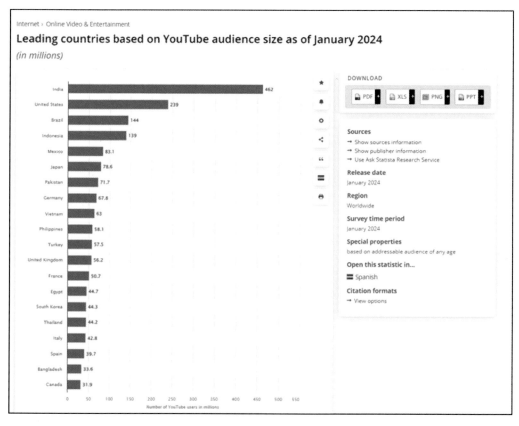

[출처: Statista]

이는 전 세계 인구의 약 60%, 대한민국 인구의 80% 이상이 유튜브를 활용하고 있다는 것을 의미합니다. 유튜브는 단순한 영상 시청 플랫폼을 넘어 정보 습득, 교육, 쇼핑 등 다양한 목적으로 활용되고 있습니다.

다음 페이지의 자료는 나스미디어에서 발표한 2024년 인터넷 이용자 조사 보고서 내용입니다. 주요 동영상 이용 서비스에 대한 순위를 보면 온라인 동영상 시청 채널 중 유튜브가 94.4%의 압도적인 점유율로 1위를 차지한 것을 볼 수 있습니다.

유튜브 쇼핑 이해

온라인 시장 이해

시스템 구축

상품 관리

운영 관리

유튜브 광고

지속적 운영

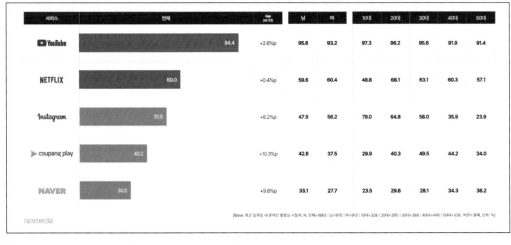

서비스	전체	Gap (vs'23)	남	여	10대	20대	30대	40대	50대
YouTube	94.4	+2.6%p	95.6	93.2	97.3	96.2	95.6	91.9	91.4
NETFLIX	60.0	+0.4%p	59.6	60.4	48.8	68.1	63.1	60.3	57.1
Instagram	51.9	+6.2%p	47.9	56.2	79.0	64.8	58.0	35.9	23.9
coupang play	40.2	+10.3%p	42.8	37.5	29.9	40.3	49.5	44.2	34.0
NAVER	30.5	+9.8%p	33.1	27.7	23.5	29.6	28.1	34.3	36.2

[Base: 최근 일주일 내 온라인 동영상 시청자, N: 전체=1883 | 남=970 | 여=913 | 10대=328 | 20대=395 | 30대=388 | 40대=446 | 50대=326, 적관식 중복, 단위: %]

nasmedia

[출처: 나스미디어 2024.3월 보고서 / 온라인 동영상 시청 서비스]

　동영상 시청 시간에 관한 자료를 보면 일평균 온라인 동영상 시청 시간은 주중에는 3시간 8분, 주말에는 4시간 26분으로 나타나, 대부분의 여가 시간을 동영상 시청에 할애하고 있는 것으로 분석됩니다. 이러한 데이터는 유튜브가 강력한 온라인 동영상 시청 플랫폼으로 자리매김하고 있음을 보여 주는 것이며, 유튜브의 다양한 콘텐츠와 플랫폼의 접근성을 활용하면 새로운 기회를 만들 수 있다는 사실을 증명합니다.

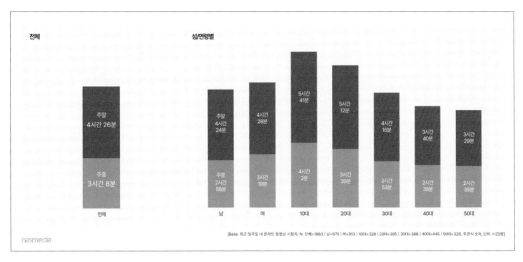

전체 / 성/연령별

[Base: 최근 일주일 내 온라인 동영상 시청자, N: 전체=1883 | 남=970 | 여=913 | 10대=328 | 20대=395 | 30대=388 | 40대=446 | 50대=326, 주관식 숫자, 단위: 시간/분]

nasmedia

[출처: 나스미디어 2024.3월 보고서 / 일평균 동영상 시청 시간]

유튜브 쇼핑
시작을 위한 5단계

유튜브 쇼핑은 브랜드 인지도를 높이고, 매출을 늘리고, 고객과 소통하는 강력한 도구입니다. 하지만 성공적인 시작을 위해서는 사전 준비부터 판매 시작까지 체계적인 단계를 거쳐야 합니다. 유튜브 쇼핑 시작을 위한 5단계를 상세하게 살펴보고 성공적인 판매를 위한 완벽한 준비의 시간을 갖기를 바랍니다.

[유튜브 쇼핑 시작을 위한 5단계]

1 ▶ 유튜브 쇼핑을 위한 사전 준비

유튜브 쇼핑과 온라인 쇼핑의 급격한 성장에도 불구하고, 많은 쇼핑몰은 사전 준비 부족으로 인해 어려움을 겪는 경우가 많습니다. 이러한 문제를 예방하고 성공적인 운영을 위해서 사전 체크리스트를 작성하고 쇼핑몰 오픈 전에 모든 사항을 체크하고 준비한다면 세 가지 효과가 있습니다.

❶ 사전 체크리스트 작성의 효과

❶ 시간과 비용 절감
원활한 쇼핑몰 오픈을 위해 미리 준비해야 할 사항들을 체크리스트로 정리하여 불필요한 시간과 비용 낭비를 줄일 수 있습니다.

온라인 사업 이해

시스템 구축

상품 관리

운영 관리

유튜브 광고

지속적 운영

❷ 운영하며 발생할 수 있는 문제 예방

사전 체크리스트를 활용하여 미리 문제점을 파악하고 해결 방안을 마련함으로써 쇼핑몰 오픈 후 발생할 수 있는 운영상의 어려움을 줄일 수 있습니다.

❸ 성공적인 오픈 준비

사전 체크리스트는 쇼핑몰 오픈을 위한 모든 준비 사항을 꼼꼼하게 점검하고, 성공적인 시작을 위한 필수적인 도구입니다.

❷ 사전 체크리스트

성공적인 사업을 위한 사전 체크리스트 예시입니다. 운영하려고 하는 방향에 따라 체크리스트는 더 많은 내용이 필요할 수 있습니다.

❶ 사업 목표 설정

유튜브 쇼핑을 통해 달성하고 싶은 구체적인 목표를 설정합니다. 예를 들어 매출 증대, 브랜드 인지도 향상, 고객 참여 유도 등 가능하면 최대한 상세하게 기록합니다.

❷ 타겟 고객 분석

제품/서비스를 구매할 가능성이 높은 연령, 성별, 관심사 등 고객층을 명확하게 파악합니다.

❸ 경쟁 분석

유튜브 쇼핑에서 활발하게 활동하는 경쟁 업체를 분석하고 차별점을 전략적으로 제시합니다.

❹ 제품/서비스 선정

유튜브 쇼핑에 적합하고 수요가 높은 제품/서비스를 선정합니다. 제품을 선정할 때 영상 제작 용이성, 시각적 매력, 충분한 이윤 마진 등을 고려하여 선정합니다.

❺ 온라인 시스템 선정

유튜브 쇼핑에 연동하여 판매, 재고 관리를 효율적으로 할 수 있는 시스템을 선정합니다.

❻ 고객 서비스 계획 수립

구매 후 문의, 불량품 처리, 환불 정책 등 고객 서비스 전략을 계획합니다.

나의 사전 체크리스트

체크리스트	내용
① 사업 목표 설정	
② 타겟 고객 분석	
③ 경쟁 분석	
④ 제품/서비스 선정	
⑤ 온라인 시스템 선정	
⑥ 고객 서비스 계획 수립	

사전 체크 내용을 정리하기 전에 유튜브 공식 크리에이터 페이지에 접속하여 유튜브를 통해 성장하는 사람 및 유튜브 편집 기술, 그리고 수익화 방법에 대한 많은 영상을 보면서 나의 방향을 만들어 가는 것도 좋은 방법입니다.

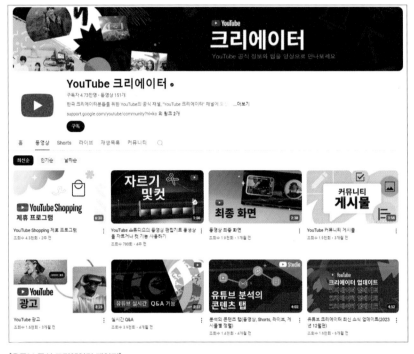

[유튜브 공식 크리에이터 페이지]

온라인 사업 이해

시스템 구축

상품 관리

운영 관리

유튜브 광고

지속적 운영

2 ▶ 유튜브 채널 개설 계획

유튜브 채널 개설은 몇 번의 클릭으로 되지만 시청자 확보와 참여 유도, 구매로 이어지기 위해서는 채널 개설 전에 다음과 같은 사항들을 신중하게 고려해야 합니다.

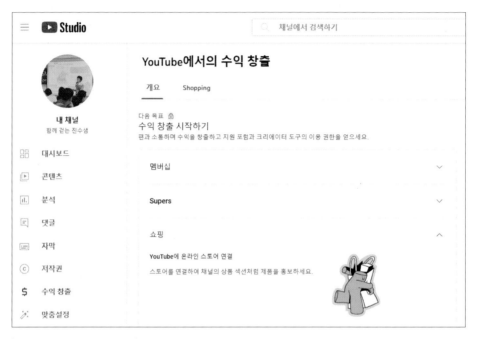

[유튜브 채널 개설 후 수익 창출 화면]

❶ 채널 방향 설정

유튜브 채널 방향을 설정할 때는 유튜브 주제, 타겟 시청자, 경쟁 채널 분석을 해야 합니다. 예를 들어 "교육 유튜브 채널을 운영하며, 시니어를 대상으로, 유익한 정보를 쉽게 전달하는 차별화 전략으로 운영한다"와 같이 채널의 운영 방향을 설정합니다.

❷ 콘텐츠 제작 방향

유튜브 콘텐츠 제작 방향에서는 어떤 형식으로 영상을 제작할 것인가와 영상 촬영 및 편집 능력은 어느 정도 되는지, 그리고 영상 제작에 필요한 장비와 소프트웨어는 어떤 것을 사용할 것인지를 생각합니다. 예를 들어 "튜토리얼 방식으로 화면 캡처와 스마트폰을 활용하여 촬영하고, 편집은 캡컷, 브루 프로그램을 활용하여 편집한다"와 같이 콘텐츠 제작 방향을 잡습니다.

❸ 채널 운영 계획

유튜브를 운영하며 얼마나 자주 영상을 업로드할 계획인지, 댓글과 시청자 질문에 어떻게 대응할 계획인지와 채널 홍보 계획 등을 설정합니다. 예를 들어 "유튜브 영상은 1주일에 1회, 시청자 댓글은 매일 관리, 채널 홍보는 인스타그램, 블로그 등 SNS를 통해 1일 1시간씩 홍보 활동을 진행한다"와 같이 채널 운영 계획을 짭니다.

❹ 수익 창출 계획

유튜브 채널로 수익을 창출하기 위한 계획과 수익 창출을 위한 구독자 및 시청 시간 요건을 확인하고 달성 계획을 설정합니다. 유튜브 채널로 수익을 창출할 수 있는 방법은 유튜브 쇼핑 운영, 광고, 후원, 제휴 마케팅 등 다양하기 때문에 우선 첫 번째 수익 창출 목표부터 정합니다. 그리고 수익 창출을 위한 기본 조건을 달성하기 위해 세부 목표를 정합니다.

❺ 장기적인 비전

유튜브 채널을 통해 어떤 것을 달성하고 싶은지, 채널을 얼마나 오랫동안 운영할 계획인지를 설정합니다. 예를 들어 "유튜브 채널을 개인 브랜드 구축, 사업 홍보, 커뮤니티 형성 등으로 활용하며 80세까지 운영하며 홍보 활동을 지속할 것이다"처럼 구체적인 목표를 정합니다.

박막례 할머니 채널의 성공 사례를 보면 유튜브는 연령과 상관 없이 누구에게나 공평하게 열려 있는 플랫폼이라는 것을 알 수 있습니다. 늦었다고 생각하지 말고 도전해 보세요.

📝 나의 유튜브 채널 계획

체크리스트	세부 항목	내용
① 채널 방향 설정	유튜브 채널 주제	
	타겟 시청자	
	차별화 전략	
② 콘텐츠 제작 방향	영상 형식	
	촬영 및 편집 방법	
	촬영 장비 및 프로그램	
③ 채널 운영 계획	영상 업로드 주기	
	시청자와의 소통 계획	
	채널 홍보 계획	
④ 수익 창출 계획	수익 창출 계획	
	수익 창출 충족 요건 달성 계획	
⑤ 장기적인 비전	채널 운영 장기 목표	
	채널 운영 기간	

체크해 보세요

유튜버 순위를 알아볼 수 있는 녹스인플루언서 사이트에 접속하여 관심 분야의 유튜버들은 어떻게 활동하고 있는지 확인해 봅니다. 구독자 수, 조회 수, 좋아요 수 등을 기반으로 국내 및 해외 유튜버 순위를 실시간으로 확인할 수 있고, 특정 유튜버의 채널 통계, 영상별 분석, 소셜 미디어 정보 등을 한눈에 확인할 수 있습니다. 여러 유튜버의 성장 과정과 인기 비결을 알아보며, 자신의 채널 전략을 수립하는 데 도움이 되는 사이트입니다.

녹스인플루언서: https://kr.noxinfluencer.com

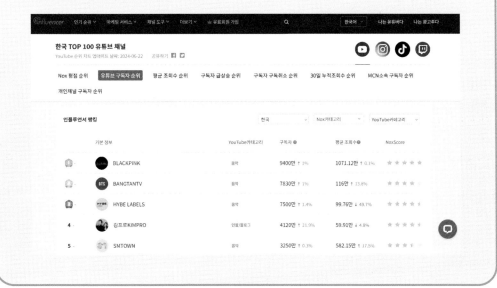

3 ▶ 유튜브 쇼핑 연동을 위한 쇼핑몰 구축 계획

유튜브 쇼핑 연동을 위한 쇼핑몰 구축 방식에는 입점몰과 자사몰 두 가지가 방식이 있습니다. 입점몰은 플랫폼 제공 업체에 입점하여 쇼핑몰을 운영하는 방식이고, 자사몰은 독립적인 웹사이트를 구축하여 운영하는 방식입니다. 가장 큰 핵심은 브랜드 차별화라고 생각합니다. 입점몰은 브랜드 차별화가 어렵고, 자사몰은 자유로운 디자인 및 기능 설정과 브랜드 차별화 전략을 수립할 수 있습니다. 유튜브 쇼핑을 연동하여 자유로운 디자인으로 자사몰을 만들 수 있는 카페24 솔루션으로 시작해 보세요.

[카페24 메인 화면]

① 카페24 솔루션의 장점

❶ 통합된 플랫폼 서비스 제공

쇼핑몰 운영, 결제 시스템, 배송 관리 등을 통합한 종합적인 플랫폼을 제공합니다. 이를 통해 개별적으로 서비스를 구축하는 것보다 효율적인 운영이 가능합니다.

❷ 다양한 기능과 템플릿

카페24 자사몰은 다양한 디자인 템플릿과 기능을 제공하여 쇼핑몰을 쉽게 구축할 수 있습니다. 상품 등록, 주문 처리, 고객 관리 등의 기능을 간편하게 이용할 수 있어 시간과 비용을

유튜브 쇼핑 이해

온라인 사업 이해

시스템 구축

상품 관리

운영 관리

유튜브 광고

지속적 운영

절약할 수 있습니다.

❸ 다양한 연계 서비스

카페24는 쇼핑몰 운영을 효율적으로 도와주는 다양한 연계 프로그램을 제공합니다. 주요 프로그램으로는 물류 대행 서비스 풀필먼트, 다양한 마케팅 채널과 연동하여 쇼핑몰을 홍보하고 제품을 판매할 수 있는 마케팅 채널, 주요 오픈마켓과 연동하여 상품 관리, 주문/배송 처리, C/S를 할 수 있는 마켓플러스, 해외 쇼핑몰을 운영할 수 있는 쉬운 해외 판매 기능 등이 있어 이를 활용하여 운영 효율성 향상과 매출 증대를 할 수 있습니다.

❹ 검색 엔진 최적화(SEO)

카페24는 검색 엔진 최적화를 위한 다양한 기능과 도구를 제공합니다. 상품 설명, 메타태그, URL 구조 등을 최적화하여 검색 결과에서 상위에 노출되어 더 많은 고객들에게 접근할 수 있습니다.

❺ 안정적인 서버와 보안

카페24는 안정적인 서버 인프라와 보안 시스템을 갖추고 있어 안전하게 쇼핑몰을 운영할 수 있습니다. 고객들의 개인 정보 보호와 결제 데이터의 안전성을 보장할 수 있습니다.

❻ 확장성

카페24는 다양한 플러그인, 앱스토어, 인공지능, 에디봇 기술 등을 제공하여 쇼핑몰의 기능을 확장할 수 있습니다.

❼ 유튜브 쇼핑 연동 기능

몇 번의 클릭으로 유튜브 쇼핑에 제품을 등록하여 판매를 시작할 수 있고, 유튜브를 통해 잠재 고객에게 효과적으로 상품을 홍보하여 매출 증대와 브랜드 인지도 향상, 유튜브 시청자 및 데이터 분석을 통해 고객층을 파악하고 맞춤형 마케팅 전략을 수립할 수 있습니다.

❷ 쇼핑몰 구축 계획

성공적인 쇼핑몰 구축을 위해서는 다음과 같은 준비 사항을 꼼꼼하게 검토해야 합니다. 특히 쇼핑몰 구축을 위한 행정 절차, 쇼핑몰 운영을 위한 아이템 선정, 사전 체크리스트 등 다양한 내용에 관해 지금부터 하나씩 알아보겠습니다.

❶ 쇼핑몰 구축을 위한 행정 절차 이해

쇼핑몰 운영을 시작하기 전에 사업자등록증 발급 및 통신판매업 신고는 필수 사항입니다. 사업자등록증은 사업 운영을 위한 법적 기반을 마련하고 세금 납부 의무를 수행하기 위한 중요한 서류입니다. 세무서에 직접 방문하여 신청하거나 온라인 홈택스 사이트에서 신청할 수 있습니다.

통신판매업 신고는 소비자 보호 및 전자상거래 관련 법규를 준수하기 위해 필수적인 절차입니다. 통신판매업 신고를 위해서는 시군구청 지역경제과에 직접 가서 신청하거나 정부24 홈페이지에서 신청할 수 있습니다.

❷ 쇼핑몰 이름과 타겟 고객

쇼핑몰 이름은 고객들에게 첫인상을 심어주는 중요한 요소입니다. 짧고 기억하기 쉽고, 브랜드 이미지와 일관되는 이름을 선택해서 브랜드 아이덴티티를 명확하게 보여 줄 수 있도록 노력해야 합니다. 그리고 누구에게 어떤 상품이나 서비스를 판매할 것인지 쇼핑몰의 타겟 고객층이 누구인지 명확하게 파악하고, 그들의 선호도를 반영하는 이름을 선택해야 합니다. 타겟 고객층 설정에는 고객 페르소나를 설정하고 작성하여 진행한다면 사업 성공 확률을 높일 수 있습니다.

건강 정보를 제공하며 꿀을 판매하는 유튜브 채널을 예시로, 페르소나 설정 마케팅의 예시를 소개합니다. 건강을 생각하는 40대 이상 소비자를 고객 페르소나로 설정했을 때의 예시입니다.

<40대 이상 주부이며, 가족의 건강을 생각하는 고객 페르소나 설정>

- **페르소나 이름:** 건강가족 김○○
- **나이:** 40대 후반
- **직업:** 전업주부 또는 은퇴 후 자녀들과 함께 살거나, 가벼운 아르바이트로 생활
- **가족 구성원:** 부모님을 모시고 살거나, 배우자와 성인 자녀 1~2명
- **정보 습득 방법:** 유튜브 건강 정보 채널을 구독하여 정보를 습득함
- **특징:** 건강에 대한 관심이 높고, 자연식과 건강기능식품에 대한 정보에 민감함
  가족의 건강을 위해 늘 신경 쓰며, 가족들에게 좋은 음식을 해주고 싶어 함
  긍정적이고 활기찬 성격으로, 건강하게 오래도록 살고 싶어 함
  가성비를 중요시하며, 제품의 효능과 안정성을 꼼꼼히 따져보고 구매함
- **고민과 니즈:** 나이가 들면서 건강이 걱정되고, 가족의 건강을 위해 좋은 제품을 찾고 있음
  피부 노화, 면역력 저하 등에 대한 고민이 많음
  안전한 천연 건강식품을 찾고 있음
  꿀의 다양한 효능에 대해 알고 있지만, 어떤 꿀을 선택해야 할지 고민
  가족들과 함께 섭취할 수 있는 건강한 간식을 찾고 있음
- **꿀에 대한 인식:** 꿀은 자연에서 얻는 귀한 식품이며, 다양한 효능이 있다고 생각함
  특히 피부 미용, 면역력 증강에 좋다고 알고 있음
  다양한 종류의 꿀이 있지만, 어떤 꿀이 자신에게 맞는지 잘 모름
  꿀을 고를 때는 원산지, 품종, 섭취 방법 등을 중요하게 생각함

판매자는 위와 같이 페르소나를 설정한 다음 위 대상을 상상하며 제품을 홍보하기 위해 예시 문구도 만들어 보고, 마케팅 방법도 생각합니다.

- **예시 문구:** 40대 이후, 건강을 생각한다면 꿀 한 스푼! 자연이 선물한 건강, 온 가족이 함께 하세요.
  피부 미인 김00의 비결은 바로 꿀! 꿀로 활력을 되찾고 아름다움을 유지하세요.
  100% 순수 천연 꿀, 건강을 위한 선택!

- **마케팅 포인트:** 건강에 대한 걱정과 기대감을 자극, 자연과 건강을 강조, 가족 건강을 위한 제품으로 어필, 체험 마케팅, 스토리텔링, 유튜브 및 SNS 활용하여 홍보

❸ 쇼핑몰 운영을 위한 아이템 선정

성공적인 아이템 선정은 매출 증대, 고객 만족도 향상, 브랜드 이미지 구축 등에 기여합니다. 아이템 선정은 공급 방법에 따른 선정 방법과 개인 특성에 맞는 선정 방법이 있습니다.

공급 방법에 따라

첫 번째, 공급 방법에 따른 선정 방법에는 **위탁, 사입, 제조**의 방법이 있습니다.

위탁은 다른 업체에 제품의 제조, 재고 관리, 출하, 배송 등을 위임하는 방식입니다. 쇼핑몰은 제조나 재고 관리에 대한 역할을 수행하지 않고, 대신 다른 업체에 위탁하여 제품을 판매합니다.

위탁 방식은 쇼핑몰이 제품의 생산과 관리에 대한 부담을 줄이고, 더 많은 다양한 제품을 판매할 수 있는 장점이 있습니다.

사입은 다른 업체의 제품을 구매하여 쇼핑몰에서 판매하는 방식입니다. 쇼핑몰은 다른 업체로부터 제품을 구매하여 자체적으로 재고를 보유하고, 주문이 들어오면 해당 제품을 출하합니다. 사입 방식은 쇼핑몰이 자체적으로 제품을 관리하고 품질을 보장할 수 있는 장점이 있습니다.

제조는 쇼핑몰이 직접 제품을 생산하는 방식입니다. 쇼핑몰은 필요한 원자재를 구매하고, 제조 과정을 거쳐 자체적으로 제품을 생산합니다. 제조 방식은 쇼핑몰이 제품의 품질과 생산 과정을 직접 관리할 수 있는 장점이 있습니다. 또한, 독자적인 제품 라인업을 구성할 수 있으며, 브랜드를 형성하는 데에도 도움이 됩니다.

이 세 가지 방식은 쇼핑몰이 제품을 구매하거나 생산하는 방법에 차이가 있습니다. 각 방식은 장단점과 적용 가능한 상황이 다르므로, 쇼핑몰의 운영 전략과 목표에 맞게 적절한 방식을 선택해야 합니다.

개인 특성에 따라

두 번째, 개인 특성에 따른 아이템 선정 방법으로는 개인의 **전문성**과 **관심 분야**, **경험 및 노하우**를 고려하여 선정하는 방법이 있습니다.

전문성은 특정 분야에 대한 전문성을 가지고 있을 경우, 그와 관련된 아이템을 선정하는 방법입니다. 전문 지식을 바탕으로 차별화된 상품을 제공하고 고객의 신뢰를 얻을 수 있습니다.

온라인 사업 이해

시스템 구축

상품 관리

운영 관리

유튜브 알기

지속적 운영

관심 분야는 자신이 좋아하는 분야와 관련된 아이템을 선정하여 콘텐츠 제작 및 고객 소통에 있어 긍정적인 영향을 미칠 수 있는 방법입니다. 흥미와 열정을 바탕으로 콘텐츠 제작에 대한 몰입도를 높이고 고객과의 공감대를 형성할 수 있습니다.

경험 및 노하우는 특정 분야에 대한 경험이나 노하우를 바탕으로 아이템을 선정하는 방법입니다. 경험과 지식을 바탕으로 고객에게 유용한 정보와 서비스를 제공할 수 있습니다.

위에서 언급한 전문성, 관심 분야, 경험 및 노하우는 유튜브 채널과도 연관성이 많습니다. 지금 열정을 다해 운영하고 있는 유튜브 채널이 있다면 연관성 있는 제품을 연동하여 판매하는 것도 좋은 방법이라고 생각합니다.

❹ 쇼핑몰 솔루션 및 운영 프로세스 이해

쇼핑몰을 구축하고 운영하기 위해서는 솔루션이 제공하는 서비스를 이해해야 합니다. 쇼핑몰 구축, 디자인, 상품 등록, 배송 처리 등 쇼핑몰 운영에 대한 전반적인 사항은 쇼핑몰 솔루션 안에서 모두 할 수 있습니다.

쇼핑몰을 운영하며 자주 사용하게 되는 메뉴는 아래와 같습니다.

- **상품 관리:** 상품 등록, 재고 관리, 가격 관리, 프로모션 관리 등 상품 관련 업무를 체계적으로 관리해야 합니다.
- **주문 처리:** 고객 주문 접수, 결제 처리, 배송 준비, A/S 처리 등 주문 관련 업무를 효율적으로 처리해야 합니다.
- **고객 관리:** 고객 문의 응대, 불만 처리, 고객 만족도 관리 등 고객과의 소통 및 관계 관리를 적극적으로 해야 합니다.
- **마케팅 및 홍보:** 다양한 마케팅 채널을 활용하여 쇼핑몰을 홍보하고 고객 유입을 유도해야 합니다.
- **재무 관리:** 매출, 지출, 이익 등 쇼핑몰 운영에 있어서 발생하는 내역을 정확하게 파악하고 관리해야 합니다.
- **분석 및 개선:** 쇼핑몰 접속 통계 및 애널리틱스를 활용하여 운영 데이터를 분석하여 개선점을 파악하고 지속적으로 개선해야 합니다.

체크리스트	내용 정리
① 행정 절차 진행 여부	
② 쇼핑몰 이름	
③ 타겟 고객	
④ 쇼핑몰 아이템	
⑤ 쇼핑몰 솔루션 이해	

4 ▶ 유튜브 쇼핑 연동 이해

유튜브 채널을 개설했고, 연동 가능한 플랫폼에 쇼핑몰이 있으면 유튜브 쇼핑을 신청할 수 있습니다. 유튜브 쇼핑을 신청했다고 해서 바로 되는 것은 아니고, 유튜브 쇼핑을 연동하기 위한 자격 조건이 도달하면 연동이 시작됩니다.

[유튜브 쇼핑 연동 조건]

유튜브 쇼핑을 시작하기 위한 현재 자격 조건은 구독자 500명 이상, 지난 90일간 공개 동영상 3회 이상 업로드, 지난 12개월간 공개 동영상 유효 시청 시간 3,000시간 이상 달성 또는 지난 90일간 쇼츠 동영상 유효 조회 수 300만 회 이상 달성 중 한 가지가 충족되면 쇼핑 기능이 활성화됩니다.

유튜브 쇼핑 연동은 카페24 쇼핑몰 관리자 페이지를 통해 접속하거나 인터넷 주소 창에 유튜브 쇼핑 주소(https://ytshopping.cafe24.com)를 입력하고 들어가 계정 생성, 채널 선택, 결제 설정, 약관 동의 4단계를 거치면 유튜브 쇼핑 기능을 바로 사용할 수 있습니다.

01 카페24 관리자 페이지에서 [유튜브 쇼핑]을 클릭하여 접속하거나 유튜브 쇼핑 전용 페이지의 주소인 https://ytshopping.cafe24.com으로 바로 접속합니다.

02 유튜브 쇼핑 전용 페이지에 들어가면 [유튜브 쇼핑 시작하기]를 눌러 계정 생성을 시작합니다. 이를 위해서 미리 유튜브 쇼핑과 연동할 유튜브 채널과 카페24 아이디를 준비해 주세요.

03 **계정 생성**: 구글과 연동된 카페24 아이디로 유튜브 쇼핑 계정을 생성할 수 있습니다. 나오는 창에서 [전체 동의 합니다]에 체크한 뒤, [다음] 버튼을 누릅니다. 본인 인증을 진행한 후 [계정 생성]을 클릭합니다.

04 **채널 선택**: 유튜브 쇼핑을 시작할 채널을 선택한 뒤, 약관에 동의하고 [채널 선택] 버튼을 클릭합니다.

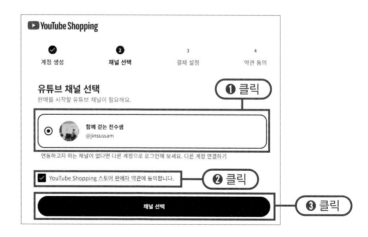

05 결제 설정: [결제 설정] 버튼을 눌러 결제 정보를 업데이트한 후, [다음] 버튼을 누릅니다.

06 약관 동의: 마지막으로 카페24 유튜브 쇼핑 서비스 이용약관에 동의를 체크한 뒤, [시작] 버튼을 누릅니다.

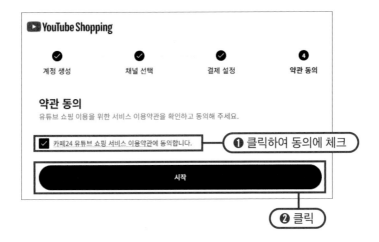

07 아래 화면과 같이 유튜브 쇼핑몰을 시작할 수 있는 관리자 페이지가 나옵니다.

[카페24 유튜브 쇼핑 연동 채널 화면]

5 ▶ 유튜브 쇼핑 판매 시작 이해

유튜브 쇼핑으로 제품을 진열하고 판매하는 방법을 알아봅시다. 카페24 관리자 페이지에서 제품을 등록하고, 유튜브 쇼핑 관리 전용 페이지에서 유튜브에 상품 진열 여부를 결정할 수 있습니다. 자사몰에서 판매하고 있는 모든 상품을 자동으로 수집하여 진열하는 기능도 있고, 판매자가 자사몰과 유튜브를 분리하여 원하는 상품만 유튜브에 진열하여 판매할 수도 있습니다. 아래 화면은 유튜브 쇼핑 상품 피드 관리 전용 페이지입니다.

[카페24 쇼핑몰 유튜브 쇼핑 상품 관리 페이지]

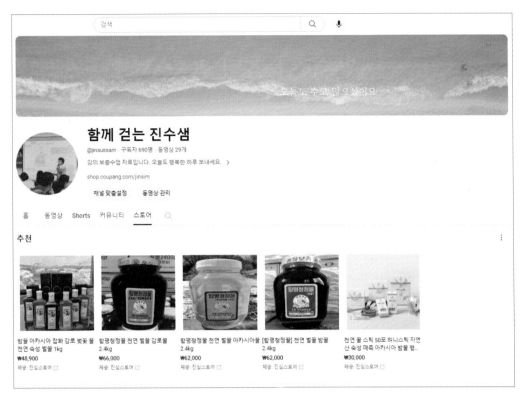

[유튜브 스토어에 상품이 진열된 모습]

　지금까지 유튜브 쇼핑 시작을 위한 5단계를 간략히 설명드렸습니다. 앞으로 유튜브 쇼핑 운영을 위한 모든 내용을 자세히 알아보겠습니다.

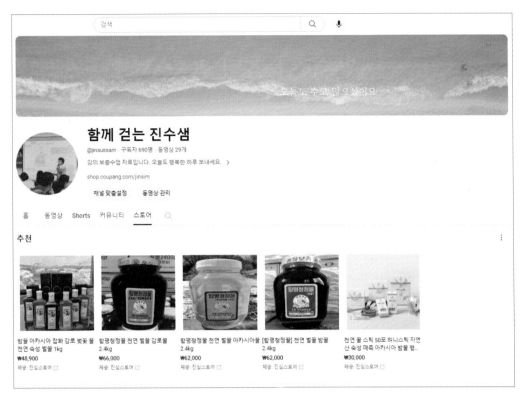

2024년 3월 이전에 유튜브 쇼핑몰을 세팅한 경우에는 아래와 같은 화면으로 나옵니다.
각 항목별로 구글 로그인 및 쇼핑몰 도메인 연결을 하면 나머지 부분은 자동으로 세팅이 됩니다.
2024년 3월 이후에 가입하시는 경우에는 훨씬 쉽게 연동할 수 있게 되었습니다.

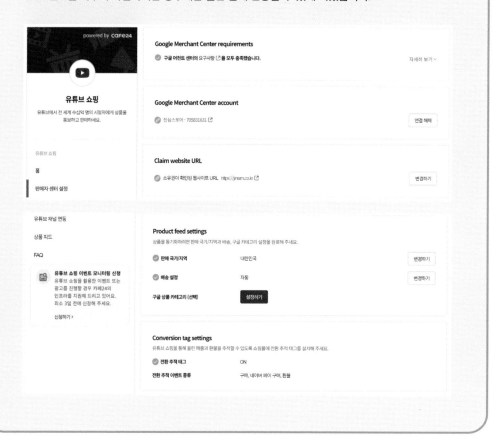

유튜브 쇼핑 인터뷰

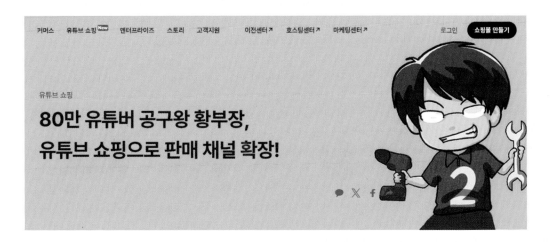

유튜브 쇼핑

80만 유튜버 공구왕 황부장,
유튜브 쇼핑으로 판매 채널 확장!

온라인 사업 이해

시스템 구축

상품 관리

운영 관리

유튜브 광고

지속적 운영

공구에 대한 모든 것을 이해하기 쉽게 풀어내는 유튜브 채널이 있습니다. 바로 80만 명의 구독자를 보유한 '공구왕 황부장'인데요. 최근 공구왕 황부장은 카페24의 유튜브 쇼핑 서비스를 이용해 구독자들이 제품 정보를 얻을 수 있을 뿐 아니라 편리하게 구매할 수 있도록 쇼핑몰 툴스24를 연동했습니다. 공구 사용에 대한 장벽을 낮추는 활동을 이어가고 있는 툴스24의 황웅희 대표님을 만나 이야기를 들어봤습니다.

Q. 공구왕 황부장 유튜브 채널과 툴스24를 소개해 주세요.

A. 공구왕 황부장은 80만 명이 넘는 구독자를 보유한 유튜브 채널입니다. 주로 공구 리뷰를 진행하며, 공구 사용법을 쉽게 풀어서 설명합니다. 공구들의 차이점과 특징 등을 알기 쉽게 전달하여, 공구에 대해 잘 모르는 사람들도 이해할 수 있게 풀어냅니다. 과거 애니메이터로 일하면서 쌓은 영상 편집 능력이 도움이 되었어요.

툴스24는 공구왕 황부장 유튜브 채널과 연동되어 있는 쇼핑몰로, 다양한 공구 제품을 판매하고 있습니다. 아버지께서 판매하시던 농기계를 오픈마켓에 올린 것을 시작으로 온라인 비즈니스를 활발하게 이어가고 있습니다. 채널과 쇼핑몰이 서로 시너지를 내며 성장하고 있어요.

[툴스24 쇼핑몰 이미지]

Q. 툴스24의 브랜드 경쟁력은 무엇이라고 생각하시나요?

A. 저희는 33만 곳에 달하는 거래처와의 끈끈한 관계를 유지하며 고객에게 좋은 제품을 선보입니다. 단순히 제품을 잘 파는 게 목적이 아니라, 제품을 잘 알리고 재구매가 일어나는 선순환을 통해 공장이나 거래처와 상생할 수 있다고 생각해요. 이를 위해 고객과 제조사를 연결할 방법을 지속적으로 고민하고 있습니다. 예를 들어 제조사나 제품의 부속품 정보 등을 쉽게 전달할 수 있도록 '공구 케어'라는 QR코드 생성 프로그램을 만들었지요. 또, 유튜브 쇼핑 기능을 적극 활용할 계획입니다.

[툴스24에서 판매 중인 다양한 공구 이미지]

Q. 유튜브 쇼핑을 통해 어떤 성과를 기대하시나요?

A. 유튜브 쇼핑은 고객과 소통하고, 제품 정보를 더욱 상세히 전달할 수 있는 좋은 도구라고 생각합니다. 유튜버들이 할 수 있는 최고의 선택이고 최고의 솔루션이죠. 이를 통해 공구에 관심 있는 이들에게 특별한 가치를 전달하고, 거래처와 상생할 수 있는 기회를 더욱 많이 만들어 나가려 합니다. 현재 사용 중인 스토어 탭 판매 외에도 라이브 방송을 통해 제품 정보를 더욱 상세히 알리는 방향으로 진행할 계획입니다.

[공구왕 황부장 – 유튜브 채널]

Q. 툴스24의 해외 시장 진출 계획을 들어볼 수 있을까요?

A. 저희는 해외 시장에 진출하기 위한 준비를 하고 있습니다. 경쟁력 있는 제품들을 해외에 판매하면 좋은 성과를 얻을 수 있을 것이라는 전망이 있습니다. 특히 치과, 페인트 공장 등에서 많이 쓰이는 압축공기필터 유수분리기 등 일상에서 필수적인 제품을 저렴하게 유통할 수 있기 때문입니다. 그중에서도 총판권을 가진 제품들을 중심으로 선보이려고 합니다.

Q. 마지막으로 고객에게 전하고 싶은 메시지가 있으신가요?

A. 저희 툴스24는 가성비 좋은 제품을 제공하는 것뿐만 아니라 고객과의 소통을 중요시하며, 항상 더 좋은 제품과 서비스를 제공하기 위해 노력하고 있습니다. 유튜브 쇼핑과 같은 새로운 방법을 통해 지속적인 성장과 혁신을 이뤄나가는 툴스24에 많은 관심과 사랑 부탁드립니다.

체크해 보세요

카페24 유튜브 쇼핑 페이지에서 더 많은 성공 스토리를 만나 보실 수 있습니다.

https://www.cafe24.com/youtubeshopping/about.html

Part. 2

유튜브 쇼핑몰 위한 온라인 사업 이해

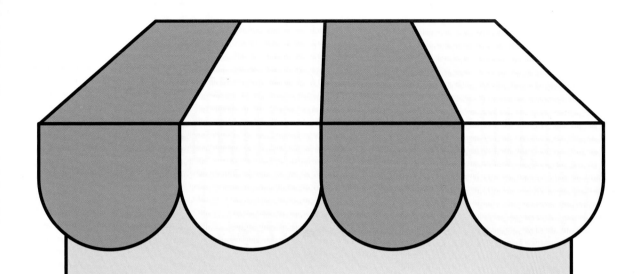

온라인 마켓의 유형

온라인 마켓에는 유튜브 쇼핑과 같은 SNS 마켓 외에 자사몰, 오픈마켓, 폐쇄몰, 종합몰 등이 있습니다. 처음에는 손쉬운 SNS 마켓 및 오픈마켓으로 시작하지만 사업이 확장되면서 자사몰을 구축하고 브랜드를 키워나가는 것이 일반적입니다. 그럼 지금부터 마켓별 장단점에 대해 알아보겠습니다.

1 ▶ SNS 마켓

SNS 마켓은 개인 또는 사업자가 소셜 미디어 플랫폼을 활용하여 판매하는 온라인 마켓플레이스를 의미합니다. 유튜브, 틱톡, 인스타그램, 블로그, 밴드, 카카오 등 SNS를 활용하여 상품을 태그하거나 공동 구매 형태로 마켓을 운영하는 형태입니다. 최근에는 대표적으로 유튜브 쇼핑이 급성장하고 있습니다.

❶ 장점
- **간편한 개설 및 판매:** 누구나 쉽게 SNS 계정을 만들고 판매를 시작할 수 있습니다.
- **타겟팅된 마케팅:** 팔로워나 구독자를 대상으로 판매하기 때문에, 제품에 대한 관심도가 높은 고객에게 어필하기 용이합니다.
- **낮은 광고 비용:** 팬덤이 형성된 경우, 광고 없이도 입소문을 통해 제품을 홍보하고 판매량을 늘릴 수 있습니다.
- **높은 구매 결정률:** 팔로워나 구독자는 판매자를 신뢰하기 때문에, 구매 결정이 빠르고 긍정적입니다.
- **간편한 결제 시스템:** 간편 결제 시스템을 통해 고객이 쉽게 결제할 수 있습니다.
- **단골 고객 확보:** 지속적인 소통을 통해 단골 고객을 확보하고 충성도를 높일 수 있습니다.

❷ 단점

- **팬 확보의 어려움:** SNS 채널의 구독자 및 팔로워를 늘리기 위해서는 지속적으로 콘텐츠를 발굴하고 등록해야 하는 어려움이 있습니다.
- **불안정한 수익:** 콘텐츠에 따라 판매량이 불안정할 수 있으며, 일정한 수익을 기대하기 어려울 수 있습니다.
- **플랫폼 의존성:** SNS 플랫폼의 정책 변경에 따라 영향을 받을 수 있습니다.
- **제한된 상품 카테고리:** 판매 가능한 상품 카테고리가 제한될 수 있습니다.

[유튜브 영상에 제품 보기 버튼이 노출된 모습]

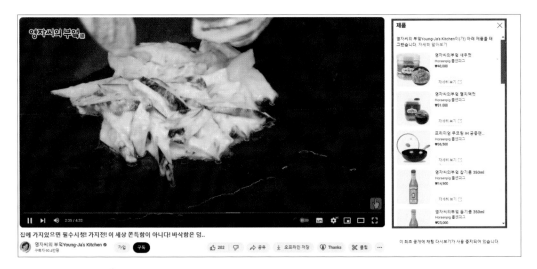

[제품 보기 버튼을 클릭하면 유튜브 영상 오른쪽에 제품 노출]

[채널에 접속하여 스토어 메뉴를 클릭하자 쇼핑몰 제품이 노출된 모습]

온라인 쇼핑 이해

온라인 사업 이해

시스템 구축

상품 관리

운영 관리

유튜브 광고

지속적 운영

[유튜브에서 제품을 클릭하여 자사몰로 연결된 모습]

　최근에는 SNS에서 상품을 태그하여 자사몰 또는 오픈마켓으로 연동하는 방식이 활성화되고 있으며, 유튜브 쇼핑 기능을 통해 라이브 방송으로 판매하는 방식도 인기를 끌고 있습니다. 그리고 인플루언서와 협업하여 제품을 홍보하는 마케팅 활동이 활발하게 이루어지고 있습니다.

2 ▸ 자사몰

　개인 또는 회사에서 운영하는 쇼핑몰입니다. 자사몰 운영에 대한 장점과 단점에 대해 알아보겠습니다.

❶ 장점
- **독창적인 디자인 및 브랜드 구축:** 다양하고 강력한 솔루션을 활용하여 경쟁사와 차별화된 쇼핑몰을 구축하여 브랜드 인지도를 높일 수 있습니다.
- **고객 데이터 관리 및 마케팅:** 고객 데이터를 직접 관리하여 맞춤형 마케팅 전략을 수립하고 고객과의 관계를 강화할 수 있습니다.
- **판매 수수료 절감:** 오픈마켓 판매와 달리 별도의 판매 수수료가 발생하지 않아 수익성을 향

상시킬 수 있습니다.

- **자유로운 운영:** 오픈마켓 규정에 제약받지 않고 자율적으로 운영 방식을 결정할 수 있습니다.
- **다양한 상품 및 서비스 제공:** 제한 없이 다양한 상품과 서비스를 판매할 수 있습니다.

❷ 단점

- **초기 투자 비용:** 쇼핑몰 구축, 디자인, 개발, 마케팅 등을 직접 하면 비용이 들지 않지만 외주를 주면 초기 투자 비용이 발생합니다.
- **지속적인 관리 및 운영:** 쇼핑몰 운영, 고객 관리, 상품 관리, 주문 처리, 배송 등 지속적인 관리 및 운영 노력이 필요합니다.
- **광고 및 홍보:** 고객 유치를 위해 자사몰을 광고하고 홍보해야 합니다.
- **행정 절차 준수:** 사업자등록, 통신판매업 신고, 결제 시스템 설치 등 관련 행정 절차를 지켜야 합니다.
- **기술적 지식:** 쇼핑몰 구축 및 운영에 필요한 기술적 지식이 필요합니다.

[자사몰 예시: 스타일 난다]

[채널에 접속하여 스토어 메뉴를 클릭하자 쇼핑몰 제품이 노출된 모습]

[스타일 난다만의 독특한 개성을 살린 상품 소개 페이지]

자사몰 브랜딩은 단순히 제품을 판매하는 것을 넘어, 고객과 소통하고 관계를 구축하는 과정입니다. 명확한 비전을 바탕으로 차별화된 브랜드를 구축하고, 고객에게 가치를 제공한다면 성공적인 브랜딩을 이루어낼 수 있을 것입니다.

 TIP

<브랜드 비전을 명확히 하는 질문들>

• 왜 자사몰을 통해 브랜딩을 하고 싶은가?

• 어떤 분야에서 경쟁하고 싶은가?

• 어떤 사람들에게 사랑받는 브랜드가 되고 싶은가?

• 브랜드가 세상에 어떤 영향을 미치고 싶은가?

• 5년 후, 10년 후 브랜드가 어떻게 되어 있기를 바라는가?

3 ▸ 오픈마켓

　오픈마켓은 누구나 쉽게 입점하여 판매를 시작할 수 있는 온라인 쇼핑몰 플랫폼입니다. 대표적으로는 스마트스토어, 쿠팡, 11번가, G마켓, 옥션 등 다양한 마켓이 있습니다. 오픈마켓의 장점과 단점에 대해 알아보겠습니다.

❶ 장점
- **간편한 입점:** 사업자등록증 없이도 개인 또는 기업이 쉽게 입점하여 판매를 시작할 수 있습니다.
- **낮은 진입 장벽:** 도메인 및 사이트 구축, 유지 관리에 대한 부담 없이 상품만 등록하면 바로 판매를 시작할 수 있습니다.
- **기본적인 결제 시스템 제공:** 별도의 결제 시스템 구축 없이 기본적인 결제 시스템을 이용할 수 있습니다.
- **다양한 고객 유입:** 이미 많은 고객이 이용하는 플랫폼이기 때문에 다양한 고객에게 상품을 노출시킬 수 있습니다.
- **낮은 운영 비용:** 자체적으로 쇼핑몰을 운영하는 것에 비해 운영 비용이 저렴합니다.
- **간편한 상품 관리:** 상품 등록, 관리, 주문 처리 등을 간편하게 할 수 있습니다.
- **다양한 마케팅 도구 제공:** 오픈마켓에서 제공하는 다양한 마케팅 도구를 활용하여 상품을 홍보할 수 있습니다.

❷ 단점
- **높은 경쟁:** 많은 판매자가 존재하기 때문에 경쟁이 치열하고, 가격 경쟁이 심각합니다.
- **낮은 수익률:** 판매 수수료(6~15%), 결제 수수료 등이 있어서 수익률이 자사몰에 비해 낮습니다.
- **고객 구매 후기 영향력:** 구매 만족도 및 후기가 바로 볼 수 있게 노출되어 있어서 판매에 직접적인 영향을 미칩니다.
- **차별화 어려움:** 많은 판매자가 비슷한 상품을 판매하기 때문에 차별화하기 어려울 수 있습니다.
- **대기업과의 경쟁:** 대형 유통업체. 제조업체와 같은 대기업과의 경쟁이 심화된 아이템들이 있습니다.

- **플랫폼 의존성:** 오픈마켓 플랫폼에 의존하기 때문에 플랫폼 정책 변경에 영향을 받을 수 있습니다.

[스마트스토어 판매자 센터]

[쿠팡 판매자 센터]

오픈마켓은 개인 또는 소규모 사업자가 쉽게 온라인 판매를 시작하기 좋은 플랫폼이지만, 높은 경쟁, 낮은 수익률, 고객 구매 후기 영향력 등의 단점도 존재합니다. 따라서 오픈마켓 진출 시 장점과 단점을 신중하게 비교 분석하고, 입점 전략을 짜야 합니다.

4 ▷ 폐쇄몰(복지몰, 공제회)

기업에서 직원에게 좋은 상품을 저렴한 가격으로 제공하기 위해 만든 사이트가 폐쇄몰입니다. 폐쇄몰의 장점과 단점을 알아보겠습니다.

❶ 장점

- **고정 고객 확보:** 폐쇄몰은 특정 기업의 직원이나 회원만 이용할 수 있는 형태이기 때문에, 판매자는 타겟 고객층을 명확히 할 수 있어서 고객 만족도를 높이고 지속적인 구매를 유도하는 데 도움이 됩니다.
- **경쟁 제한:** 폐쇄몰은 입점 기준이 까다로워서 신규 입점 업체가 많지 않아 경쟁이 상대적으로 적습니다. 입점을 한 경우는 제품 판매에 유리하게 작용하며, 가격 경쟁보다는 차별화된 상품력으로 승부를 겨루는 것이 좋습니다.
- **빠른 상품 소문 확산:** 폐쇄몰 내 커뮤니티나 게시판 등을 통해 좋은 제품은 빠르게 소문이 나고 다른 이용자들에게 홍보될 가능성이 높습니다. 제품 인지도를 높이고 구매를 유도하는 데 효과적인 무료 마케팅 채널이 될 수 있습니다.
- **사은품 및 판촉물 활용:** 폐쇄몰은 기업에서 직원들에게 제공하는 사은품이나 판촉물 용도로 제품을 활용하기에 유리합니다. 저렴한 가격으로 제품을 공급받아 사은품이나 판촉물로 활용하면, 직원들의 제품 만족도를 높이고 기업 이미지를 개선하는 데 도움이 됩니다.

❷ 단점

- **까다로운 입점:** 폐쇄몰은 입점 기준이 까다롭고, 이미 입점한 업체들이 있어서 신규 입점이 어려울 수 있습니다. 입점 심사 과정에서 제품의 품질, 기업의 신뢰성, 경쟁력 등을 종합적으로 평가받아야 하며, 입점 비용이 발생하기도 합니다.
- **정보 수집 어려움:** 폐쇄몰에 대한 정보가 많이 공유되어 있지 않기 때문에 입점을 하려고 해도 어떻게 해야 하는지 모르는 경우가 많습니다. 기업을 직접 찾아가서 영업 활동을 해야 하거나 폐쇄몰을 전문적으로 진행하고 있는 밴더사를 통해 입점하는 경우가 많습니다.
- **높은 수수료:** 폐쇄몰은 입점 비용뿐만 아니라, 판매 대금의 10~20% 정도의 높은 수수료를 부과하는 경우가 많습니다. 판매자의 수익성 보장이 어려울 수 있으며, 특히 저마진 제품의 경우 판매 수익률이 맞지 않을 수도 있습니다.

유튜브 쇼핑 이해

온라인 사업 이해

시스템 구축

상품 관리

운영 관리

유튜브 쇼핑

지속적 운영

[LG 임직원 몰]

[폐쇄몰 메인 화면 상품 소개 페이지]

쇼핑몰 창업을 위해 해야 하는 공부

2

창업을 위한 공부는 경영적인 부분과 기술적인 부분으로 나누어집니다.

쇼핑몰 기획, 제작, 마케팅에 관한 모든 부분을 전반적으로 알고 있어야 하며 이 중에 나의 강점은 어떤 것인지를 생각해 봅니다. 아래 네 가지 쇼핑몰 성공 유형 중에 해당하는 부분이 어디인지 강점을 찾아서 극대화하는 작업부터 시작하여 약점을 보완할 수 있도록 자신을 먼저 세분화하고 고민하는 시간을 가져야 합니다.

쇼핑몰 창업자 대부분은 경영적인 부분에 해당하는 쇼핑몰 운영은 알아서 되는 것으로 알고 기술적인 부분에 많은 시간을 사용합니다. 특히 포토샵을 너무 오래 공부하는 경우가 많이 있습니다. 이는 잘못된 접근 방식입니다. 모두 알고 있으면 정말 좋겠지만, 쇼핑몰 창업은 결과적으로 시장을 세분화할 수 있는 능력과 팔릴 수 있는 제품이 무엇인가를 찾아낼 수 있는 감각, 기획과 마케팅에 해당하는 경영적인 측면이 성공과 실패를 좌우합니다.

다음의 체크리스트를 한번 체크해 보세요. 체크리스트의 모든 내용은 쇼핑몰 운영자가 할 수 있어야 하는 항목들입니다. 자신 있는 항목과 자신 없는 항목을 분리해 보세요. 우선 어떤 부분을 잘할 수 있는지를 체크해 보고 가장 안 되는 것을 어떻게 해결할 것인가에 대해 생각해 봅니다.

☑ **체크리스트**

① 나는 SNS(유튜브) 채널을 운영하고 있다.

② 나는 대표 마인드가 있다.

③ 나는 쇼핑몰 기획서를 작성할 수 있다.

④ 나는 아이템을 연구하고 개발하는 것을 좋아한다.

⑤ 나는 상품 촬영을 잘한다.

⑥ 나는 쇼핑몰 솔루션을 잘 다룬다.

⑦ 나는 포토샵을 잘한다.

⑧ 나는 상품 포장을 잘한다.

⑨ 나는 디자인 감각이 있다.

⑩ 나는 포장을 잘한다.

⑪ 나는 세무/회계를 잘한다.

⑫ 나는 고객 응대를 잘한다.

부족한 부분을 체크했다면 해결 방법을 찾아서 보완합니다. 대표적으로는 k-스타트업을 통해 교육 및 사업 지원을 받고 멘토링, 컨설팅을 통해 어떻게 하면 성공적인 쇼핑몰을 만들고 운영할 수 있는지를 안내받을 수 있습니다. 유튜브 마케팅 및 마케팅 지원금도 지원받을 수 있는 정보가 있습니다.

[k-스타트업 사이트]

[마케팅 교육 모집 정보]

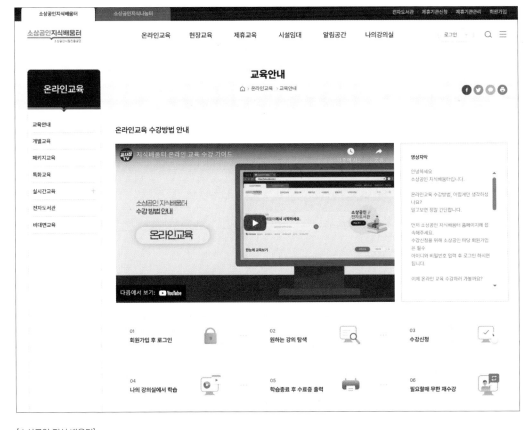

[소상공인 지식 배움터]

[유튜브 저작권과 저작권법 온라인 강의]

온라인 창업 준비 기간

온라인 쇼핑몰을 준비하는 기간은 대부분 6개월 정도입니다. 구체적인 시간 계획과 투자 비용 등 모든 부분에 대해 철저하게 준비를 해야 합니다. 너무 철저히 준비하라고 하니 많은 분들이 "진행하다 보면 되지 않을까요?"라고 질문하는 때도 있는데, 시간과 자본금이 충분하다면 그렇게 하셔도 됩니다. 무조건 저질러서 손해 보고, 손해 본 것을 경험이라 생각할 수 있는 사람은 정말 행복한 사람입니다. 지금 먹고살 수 있는 쌀값이 있다는 뜻일 수도 있으니까요.

하지만 대부분은 그렇지 않을 것입니다. 한 번의 손해가 실패로까지 이어질 수 있는 분들일 것입니다. 그렇다면 철저히 알아보고 준비해야 할 것입니다. 시간과 여력이 부족하다면 우선 부업으로 조금씩 해 보는 것도 나쁘지 않은 방법입니다. 구체적인 계획에 대해 월별로 오픈 일정부터 예상 투자금과 수입금까지 전반적으로 생각해 봅니다.

	1월	2월	3월	4월	5월	6월
아이템	아이템 선정	아이템 선정				
쇼핑몰 구축			쇼핑몰 구축	쇼핑몰 구축		
쇼핑몰 오픈					쇼핑몰 운영	쇼핑몰 운영
시간투자	8시간 이상	8시간 이상	8시간 이상	8시간 이상	10시간 이상	10시간 이상
투자금	200만 원 이상		200만 원 이상		300만 원 이상	
수입금	0원		0원		100만 원 이내	

유튜브 쇼핑 이해

온라인 사업 이해

시스템 구축

상품 관리

운영 관리

유튜브 광고

지속적 운영

❶ 1~2개월째는 아이템을 선정하여 아이템 사입을 진행하며, 상품을 촬영하고 상품 페이지를 만드는 과정으로, 투자만 있고 수입금은 전혀 없는 시기입니다. 시간은 최소 8시간 이상 투자해야 합니다.

❷ 3~4개월째는 쇼핑몰을 구축하는 단계로 쇼핑몰 디자인 및 상품 등록, 상품 상세 페이지 등록 등 쇼핑몰에 관한 전체적인 사항을 마무리하는 단계입니다. 시간은 최소 8시간 이상 투자하고 수입은 없는 시기입니다.

❸ 5~6개월째는 쇼핑몰을 오픈하고 운영하는 단계입니다. 쇼핑몰 운영 단계에서는 마케팅 비용이 들어가게 됩니다. 시간은 준비 기간보다도 더 많이 투자되며 예민하게 고민하는 단계입니다.

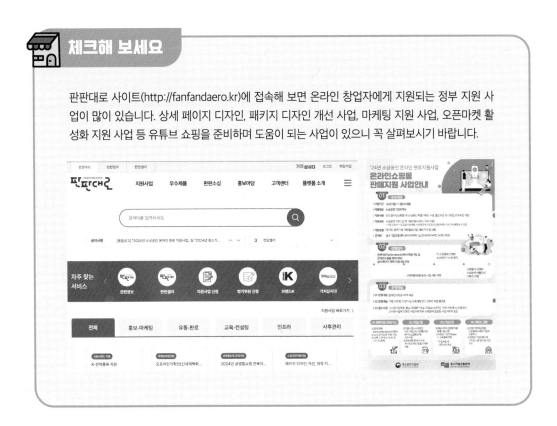

체크해 보세요

판판대로 사이트(http://fanfandaero.kr)에 접속해 보면 온라인 창업자에게 지원되는 정부 지원 사업이 많이 있습니다. 상세 페이지 디자인, 패키지 디자인 개선 사업, 마케팅 지원 사업, 오픈마켓 활성화 지원 사업 등 유튜브 쇼핑을 준비하며 도움이 되는 사업이 있으니 꼭 살펴보시기 바랍니다.

구체적인 쇼핑몰 창업의 단계

4

일반적으로 쇼핑몰 창업 예정자들은 온라인 창업이 오프라인 창업에 비해 쉽고 간단할 것이라 생각하는 경우가 많습니다. 온라인 창업은 비용이 저렴하여 진입 장벽이 낮은 것이 사실이지만, 손쉬운 창업이 성공을 보장하지는 않습니다. 다음 창업 절차에 따른 단계별 프로세스에 대해 충분히 고민해 봐야만 창업 준비 및 실제 창업 과정에서 일어날 수 있는 문제점을 피할 수 있습니다.

쇼핑몰 창업의 10단계

❶ 1단계: 준비 단계

- **아이템 선정 및 시장조사**
- **고객 타겟팅:** 누구에게 판매할지 명확히 정의합니다.
- **시장 조사:** 경쟁 환경, 시장 규모, 성장 가능성을 분석합니다.
- **사업 계획:** 사업 목적, 전략, 실행 계획을 세웁니다.
- **자금 계획:** 투자금액, 자금 조달 방법, 손익 계획을 작성합니다.

❷ 2단계: 창업을 위한 신고

- **도메인 등록:** 쇼핑몰 주소가 될 도메인 이름을 등록합니다.
- **사업자등록:** 사업을 운영하기 위한 법적 절차를 완료합니다.
- **통신판매업 신고:** 온라인 판매를 위한 신고를 합니다.

❸ 3단계: 상품 등록

- **상품 촬영:** 고객이 매력적으로 느낄 수 있도록 상품 사진을 촬영합니다.
- **상품 페이지 제작:** 상품 정보, 가격, 구매 방법 등을 명확하게 정합니다.
- **상품 등록:** 쇼핑몰 시스템에 상품을 등록합니다.

❹ 4단계: 쇼핑몰 디자인

- **쇼핑몰 디자인 구매:** 전문가가 제작한 디자인을 구매합니다.
- **쇼핑몰 디자인 직접 제작:** 디자인 툴을 활용하여 제작합니다.

❺ 5단계: 결제 시스템

- **결제 시스템 신청:** 카드, 에스크로 등 다양한 결제 방식을 신청하여 설치합니다.

❻ 6단계: 배송 시스템

- **포장 시스템:** 상품을 안전하게 포장할 수 있는 시스템을 구축합니다.
- **배송 시스템:** 배송업체와 계약하여 상품 배송을 준비합니다.

❼ 7단계: 쇼핑몰 마케팅

- **쇼핑몰 홍보:** 다양한 채널을 활용하여 쇼핑몰을 홍보합니다.
- **키워드 광고:** 검색 결과 상단에 노출되도록 키워드 광고를 진행합니다.
- **SNS 마케팅:** 유튜브, 인스타그램, 블로그, 페이스북 등을 활용하여 고객과 소통합니다.

❽ 8단계: 고객 관리 시스템

- **주문 관리 시스템:** 주문 접수, 처리, 배송 등을 관리합니다.
- **쿠폰 및 적립금:** 고객 유치 및 구매 유도를 위한 프로모션을 진행합니다.
- **회원 등급:** 고객에게 특별한 혜택을 제공하는 등급제를 운영합니다.

❾ 9단계: 세무/회계

- **세무 처리:** 사업으로 발생하는 세금을 정확하게 납부합니다.
- **회계 처리:** 매출, 지출 등을 정리하여 재무 상황을 파악합니다.

❿ 10단계: 운영 및 성장

- **쇼핑몰 유지 보수:** 쇼핑몰 시스템을 안정적으로 운영하고 개선합니다.
- **마켓 확장:** 다양한 오픈마켓에 입점하여 판매 영역을 확장합니다.
- **사업 영역 확장:** 고객의 니즈에 맞춰 새로운 상품이나 서비스를 추가합니다.

쇼핑몰 창업은 이 열 가지 단계적 노력을 반복하는 과정이라고 생각합니다. 고객과 시장을 이해하고, 확실한 사업 계획을 세워 성공적인 토대를 마련하며, 전문적인 준비를 통해 신뢰할 수 있는 쇼핑몰을 구축하고 고객과의 소통을 강화합니다. 끊임없는 마케팅과 고객 관리 시스템을 통해 매출 증대와 고객 만족도를 동시에 달성하고, 안정적인 운영과 사업 확장을 통해 꿈꾸던 쇼핑몰 사업을 성공적으로 운영할 수 있습니다.

열정과 노력으로 꾸준히 성장하며, 고객에게 최고의 가치를 제공하는 쇼핑몰을 만들어 보세요!

체크해 보세요

세무처리의 경우 직접 할 수도 있지만, 세금 신고를 잘못 처리하게 되면 차후에 소명이 필요하거나 과도한 세금을 내야 할 수도 있습니다. 이러한 일을 피하기 위해서 세무 신고를 간편하게 할 수 있는 앱을 찾아 이용해 보시는 것도 좋습니다.

삼쩜삼. 내 숨은 환급액을 찾아보세요   광고

1인 평균 신청액
197,500원

세금환급 쩜쉽게, 삼쩜삼
1인 평균 신청액 197,500원
무료 조회하고 간편 신청하세요!

환급액 무료 조회   2,000만의 환급 서비스

5년 🤚   **0원** 🪙   **종부세 환급**
최대 5년   무료 조회   세무전문가 검토

사업자등록 및 통신판매업 신고

1 ▸ 사업자등록증

쇼핑몰 사업을 위해서는 반드시 사업자등록증을 신청해야 합니다. 사업자등록은 사업장 주소지를 관할하는 세무서에서 진행합니다. 사업장을 어디로 할 것인지를 결정하고 해당 세무서에서 신청하거나 홈택스(http://www.hometax.go.kr)에서 신청할 수 있습니다.

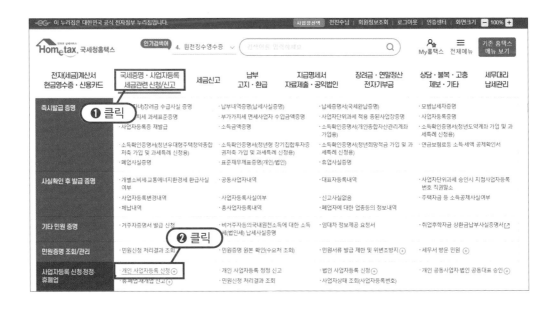

사업자등록은 사업을 시작한 날로부터 20일 이내에 신청해야 합니다. 쇼핑몰 사업을 위해서는 다음의 종목 코드를 참고하여 나에게 해당하는 코드로 신청합니다.

① 업태: 도소매

② 종목:

• 자사몰, 스마트스토어, 오픈마켓 판매자(525101)

• 소셜커머스(525103)

• SNS마켓(525104)

• 해외직구대행업(525105)

사업장 주소 설정은 별도 임차를 하거나 집으로 할 수 있습니다. 요즘은 비상주 사무실로도 많이 하고 있습니다. 실제 사무실 공간은 없는데 쇼핑몰 운영을 위한 주소만 받을 수 있습니다.

❶ 사업장을 집으로 할 경우

• **장점:** 임대료 부담 없이 사업을 시작할 수 있어 초기 비용을 절약할 수 있습니다.

• **단점:** 주거 공간과 사업 공간이 분리되지 않아 업무 집중도가 떨어질 수 있습니다.

❷ 별도 임차

• **장점:** 사업과 개인 생활을 분리하여 업무에 집중할 수 있으며, 전문적인 이미지를 구축할 수 있습니다.

• **단점:** 임대료 부담이 발생하여 초기 비용이 증가합니다.

쇼핑몰 사업 초기에는 집을 사업장으로 설정하는 경우가 많습니다. 하지만 사업이 성장하고 규모가 커질수록 별도의 사업장을 임대하는 것을 고려해 볼 수 있습니다.

쇼핑몰 사업을 위해 사무실을 얻는 게 부담스러울 경우 비상주 사무실이라는 개념이 있습니다. 비상주 사무실은 실제로 사무실에 상주하지 않고도 사업자등록을 위한 주소를 제공받고, 다양한 부가 서비스를 이용할 수 있는 서비스입니다.

N 비상주사무실 ⌨ ▾ Q

(전체) 인천   서울

서초 남양주 비상주사무실 사업자등록 단...
5,000원 🚚 무료
광고ⓘ 마인공유오피스
ⓝpay+ 포인트 최대 100원
★ **4.97** · 110 찜 143

전국 비상주사무실 서울 용인 인천 김포 ...
5,000원 🚚 무료
비상주어때전국... ⓝpay+
★ 5.0(647) · 찜 2,471

전국비상주사무실 서울 용인 김포 자가소...
5,000원 🚚 무료
공유미학 ⓝpay+
★ 5.0(154) · 찜 540

전국지점 비상주사무실 서울 용인 인천 ...
5,000원 🚚 무료
전국최저가비상주 ⓝpay+
★ 5.0(12) · 찜 143

스페이스엑스키 비상주사무실 전국 공유...
10,000원 🚚 무료
오늘출발
스페이스엑스키 ⓝpay+
★ 4.99(374) · 구매 565

전국 비상주사무실 서울 용인 인천 소호사...
5,000원 🚚 무료
그로우비즈 ⓝpay+
★ 5.0(298) · 찜 561

유튜브 쇼핑 이해

온라인 사업 이해

시스템 구축

상품 관리

운영 관리

유튜브 광고

지속적 운영

2 ▸ 통신판매업 신고 온라인 신청

인터넷 쇼핑몰을 운영하는 업체는 의무적으로 관할 시, 군, 구청 지역 경제과에서 통신판매업을 신고해야 합니다. 통신판매업 신고는 인터넷 정부24에서 할 수 있습니다.

통신판매업 신고 절차

❶ 준비물

- 사업자등록증 사본
- 대표자 신분증 사본
- 통신판매업 신고서
- 구매안전서비스 이용확인증

❷ 신청 방법

- **정부24 온라인 신청:** 정부24 홈페이지에서 통신판매업신고를 검색하여 온라인으로 신청할 수 있습니다.

유튜브 쇼핑 이해

온라인 사업 이해

시스템 구축

상품 관리

운영 관리

유튜브 광고

지속적 운영

[https://www.gov.kr에서 통신판매업 등록]

- **관할 구청 방문:** 사업장 소재지 관할 구청에 직접 방문하여 신청할 수 있습니다.

❸ 신고 시 유의 사항

- **신고 대상:** 상품이나 서비스를 인터넷을 통해 판매하는 모든 사업자가 대상입니다.
- **구매안전서비스:** 소비자 보호를 위해 구매안전서비스에 가입하고 이용확인증을 제출해야 합니다.

통신판매업 신고 시 주의할 점은 판매하는 품목에 따라 별도의 허가나 신고가 필요할 수 있다는 점입니다. 품목에 따라 미리 확인하고 신고하면 시간을 절약할 수 있습니다.

<상품군별 판매자격요건 안내>

상품군	관련법규	대상상품	필요자격증	비고
가공식품	식품위생법	가공식품 제조자가 직접 판매하는 상품	식품제조가공업신고증	
		제조/가공된 식품 및 식품첨가물을 판매자 임의로 소분하여 판매하는 상품	식품소분판매업신고증	
		위탁 제조한 식품 및 식품첨가물을 판매자 자신의 상표로 유통/판매하는 상품	유통전문판매업신고증	어묵, 레토르트, 통/병조림 제품 및 전분, 장류, 식초, 소분판매불가 벌꿀 채취업자가 직접 소분/포장하는 경우는 제외
건강기능식품	식품위생법	건강기능식품	건강기능식품판매업신고증	
농약	농약관리법	온라인 판매가능 농약 전체	농약판매업신고증	
비료	비료관리법	판매자가 직접 수입해 판매하는 상품	비료수입업신고증	
수입식품	식품위생법	수입업자가 직접 판매하는 수입식품	식품등 수입판매업신고증	
		구매대행(해외배송)식품	수입식품등 인터넷구매대행업 영업등록증	

의료기기	의료기기법	의료기기	의료기기판매업신고증	
축산물	축산물위생관리법	조리하지 않은 생고기류 (생고기, 포장육, 냉장고기, 냉동고기류 모두)	식육판매업신고증 (축산판매업신고증)	
		식육부산물 상품류 (머리, 뼈, 간, 심장, 비장, 위장, 창자, 꼬리)	식육부산물판매업신고증 (축산물판매업신고증)	
		판매자가 축산가공품을 직접수입해 판매하는 경우	축산물수입판매업신고증 (축산물판매업신고증)	
		판매자가 직접 자사브랜드를 붙여 판매하는 축산물	축산물유통전문판매업신고증 (축산물판매업신고증)	
		양념조리육 판매자(가열/비가열 모두)	식육즉석판매가공업신고증 (축산물판매업신고증)	
		생달걀	식용란수집판매업신고증 (축산물판매업신고증)	
화장품	화장품법	판매자가 직접제조하여 판매하는 화장품	직접제조화장품유통판매업등록증 (화장품제조판매업신고증)	

		판매자가 외부위탁을 통해 제품을 생산하여 판매하는 화장품	위탁제조화장품유통판매업등록증 (화장품제조판매업신고증)	
		판매자가 직접 수입하여 판매하는 화장품	수입화장품유통판매업등록증 (화장품제조판매업신고증)	
		구매대행(해외배송) 화장품	수입대행형거래업등록증 (화장품제조판매업신고증)	

출처: 도매매 사이트 판매자격 요건

TIP

온라인, 오프라인 사업에 따라 그리고 아이템에 따라 신고해야 하는 사항들이 다를 수 있으니 꼭 확인하고 진행하시기 바랍니다. 예를 들어 오프라인에서 음식점을 하며 온라인으로도 음식을 판매한다고 가정해 보면 아래와 같은 절차를 따르게 됩니다.

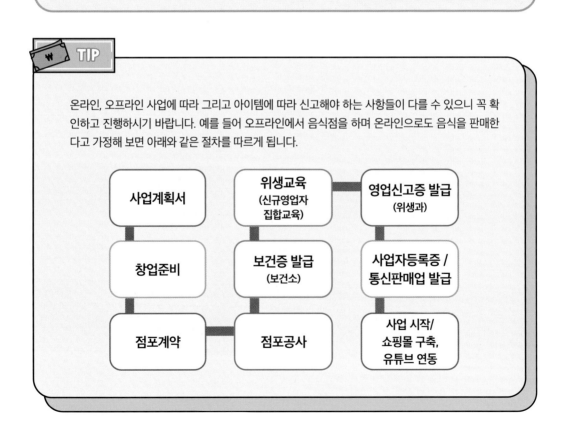

온라인 상품 판매 방식

온라인 쇼핑몰을 시작할 때, 가장 중요한 결정 중 하나는 어떤 방식으로 상품을 판매할지입니다. 위탁, 사입, 제조는 각각 장단점이 있으며, 나의 상황에 맞게 선택하여 진행하는 것을 추천드립니다. 아래 표는 각 방식의 장단점을 간략하게 비교한 것입니다.

방식	장점	단점
위탁	재고 관리 부담 없음 초기 투자 비용 적음 다양한 상품 판매 가능	이윤 마진 낮음 상품 관리 및 품질 제어 어려움 브랜드 경쟁력 약화
사입	이윤 마진 조절 가능 상품 관리 및 품질 제어 용이 브랜드 경쟁력 구축 가능	재고 관리 부담 증가 초기 투자 비용 높음 재고 손실 위험
제조	높은 이윤 마진 가능 차별화된 상품 판매 가능 브랜드 가치 구축 가능	초기 투자 비용 매우 높음 생산 관리 및 품질 관리 어려움 시장 변화에 대한 위험

순서가 정해져 있는 것은 아니지만 처음 쇼핑몰을 준비하고 있다면 위탁을 먼저 진행하며 온라인 유통 사이클을 익히고 사입 및 제조에 도전하는 것을 추천드립니다.

다음은 유튜브 채널에 스토어를 연동하여 술안주와 식품을 판매하고 있는 애주가TV참PD의 사례입니다. 이를 보면 처음에는 인기 있는 유튜브 채널의 영향력을 바탕으로 다양한 브랜드의 제품을 위탁 판매하는 방식으로 사업을 시작하고, 자신의 브랜드로 한정판 제품을 선보이며 브랜드 인지도를 더욱 강화하는 모습도 볼 수 있습니다.

유튜브 스토어의 구매 수량을 확인해 보면 10만 개 이상 판매되고 있는 상품이 많은 것을 볼 수 있습니다.

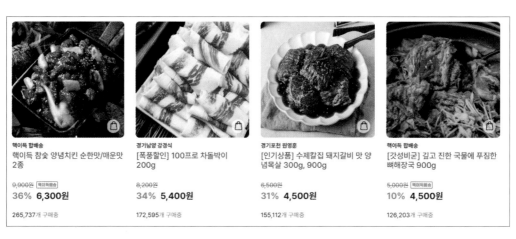

[애주가TV참PD 유튜브 채널 스토어]

내 채널이 상점이 되는 유튜브 쇼핑

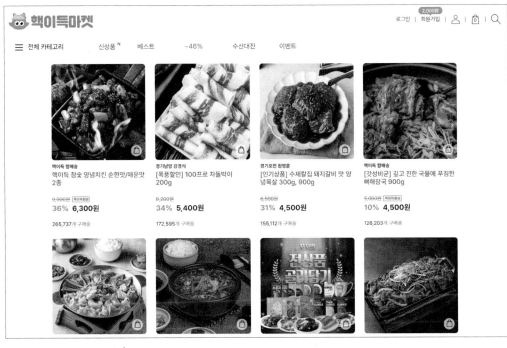

[유튜브 채널과 연동된 핵이득마켓]

아이템 검증을 위한 설문조사 방법

쇼핑몰 창업을 위한 아이템 선정은 성공적인 사업을 위한 첫걸음입니다. 아이템의 시장성을 검증하기 위해 설문조사를 진행할 때에는 아래 사항들을 고려해야 합니다.

❶ 설문조사 목표 설정

- **아이템에 대한 인지도:** 해당 아이템을 얼마나 알고 있는지 파악
- **수요:** 해당 아이템에 대한 구매 의향 및 구매 빈도 조사
- **가격 민감도:** 어떤 가격대의 제품을 선호하는지 파악
- **구매 채널:** 어떤 채널을 통해 구매하고 싶어하는지 파악
- **경쟁사 분석:** 경쟁사 제품과 비교하여 개선할 점 도출

❷ 설문 문항 구성

- **데모그래픽 정보:** 성별, 연령, 직업, 거주 지역 등
- **아이템 인지도:** 해당 아이템을 알고 있습니까?(예 / 아니오)
- **구매 경험:** 해당 아이템을 구매한 경험이 있습니까?(예 / 아니오)
- **구매 의향:** 해당 아이템을 구매할 의향이 있습니까?(매우 높음 / 높음 / 보통 / 낮음 / 매우 낮음)
- **구매 빈도:** 얼마나 자주 구매할 의향이 있습니까?(매주 / 매달 / 분기별 / 연 1회 / 구매 의향 없음)
- **선호하는 가격대:** 어떤 가격대의 제품을 선호하십니까?(가격 범위 설정)
- **구매 채널:** 어떤 채널을 통해 구매하고 싶습니까?(온라인 쇼핑몰, 오프라인 매장, 소셜커머스 등)
- **개선 사항:** 해당 아이템에 대한 개선 사항이 있다면 자유롭게 작성해 주세요.

유튜브 쇼핑 이해

온라인 사업 이해

시스템 구축

상품 관리

운영 관리

유튜브 광고

지속적 운영

③ 설문조사 방법

- **온라인 설문:** 구글 설문 등 온라인 설문 도구를 활용하여 빠르고 효율적으로 진행
- **오프라인 설문:** 거리 조사, 매장 방문 등 오프라인으로 직접 설문을 진행
- **SNS 설문:** 카카오, 유튜브, 인스타그램, 페이스북 등 SNS를 통해 설문을 진행

④ 설문 대상

- **타겟 고객:** 제품의 주요 타겟 고객층을 선정하여 설문을 진행
- **온라인 커뮤니티:** 관련 커뮤니티 회원들을 대상으로 설문
- **SNS 팔로워:** 자신의 SNS 팔로워를 대상으로 설문

⑤ 설문 결과 분석

- **수치 분석:** 설문 결과를 수치화하여 시각적으로 분석
- **객관적인 판단:** 수치 분석 결과를 바탕으로 시각적으로 분석
- **개선 방안 도출:** 설문 결과를 바탕으로 아이템을 개선할 방안을 도출

⑥ 추가적인 검토 사항

- **경쟁사 분석:** 경쟁사의 제품, 가격, 마케팅 전략 등을 분석하여 차별화 전략 수립
- **시장 트렌드 분석:** 시장 트렌드를 분석하여 아이템의 지속적인 성장 가능성을 평가
- **제품 개발 가능성:** 아이템 개발에 필요한 기술, 자원 등을 검토

　설문조사를 만들 때는 주의할 점이 있습니다. 설문 문항을 간결하고 명확하게 작성하여 응답자의 피로도를 줄이고, 다양한 채널을 통해 설문을 진행하여 충분한 데이터를 확보한 후 객관적인 분석을 통해 아이템 개선 방안을 도출해야 합니다.

　조사를 마친 후에는 설문 결과를 바탕으로 아이템을 지속적으로 개선하고 새로운 아이템을 추가하며, 시장 변화에 발 빠르게 대응하며 쇼핑몰을 운영해야 합니다.

<구글폼으로 설문조사 만들기>

01 구글에 로그인한 후에 앱 단추를 클릭하여 [Docs] 메뉴를 클릭합니다.

02 문서 화면에서 목록 단추를 클릭하고 [설문지] 메뉴를 클릭합니다.

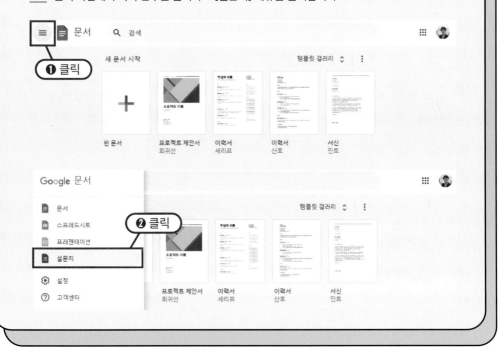

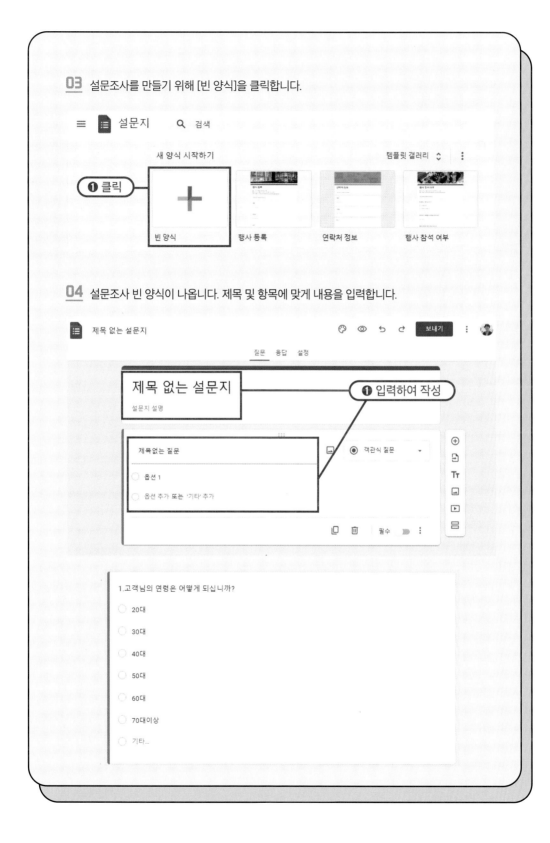

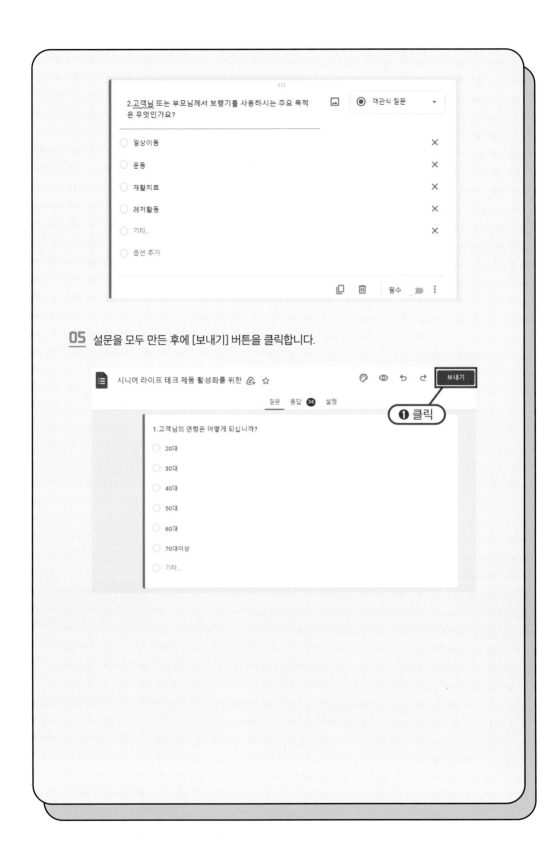

05 설문을 모두 만든 후에 [보내기] 버튼을 클릭합니다.

유튜브 쇼핑 이해

온라인 사업 이해

시스템 구축

상품 관리

운영 관리

유튜브 알기

지속적 운영

06 설문지 보내기에서 사슬 모양의 [링크] 단추를 클릭한 후에 URL 단축에 체크하고 [복사] 버튼을 클릭하여 설문 대상에게 보내서 해당 내용에 대한 설문을 진행합니다.

07 설문이 진행되고 응답 항목을 확인하면 설문조사 결과를 볼 수 있습니다.

온라인 쇼핑몰 구체화를 위한 분석법

온라인 쇼핑몰에서 성공하기 위해서는 판매하고자 하는 제품에 대한 구체적인 분석을 해야 합니다. 하지만 막상 분석을 하려고 하면 어디에서부터 해야 할지 모르는 경우가 많습니다. 이때 3C, STP, SWOT, 4P를 분석하며 방향을 잡을 수 있었습니다.

제가 현재 운영하고 있는 사업 중에는 꿀 판매 사업이 있습니다. 이를 구체화하기 위해 분석했던 내용을 보며 분석법에 대해 자세히 알아보겠습니다.

1 〉 3C 분석 (COMPANY, CUSTOMER, COMPETITOR)

자사의 강점과 약점을 파악하고, 목표 고객의 특징과 니즈를 분석하며, 경쟁사의 현황을 비교하여 자사만의 경쟁 우위를 확보하기 위한 전략을 수립하는 것을 3C 분석이라고 합니다.

저자의 꿀 판매 3C

꿀에 대한 전문성과 차별화된 소싱 채널을 바탕으로 신뢰할 수 있는 브랜드 이미지를 구축하고 있는 자사는 온라인 쇼핑몰 성장과 프리미엄 꿀 시장 확대라는 기회를 맞이하고 있지만, 자본력 부족과 경쟁 심화라는 위협에 직면해 있습니다. 한편, 건강을 중시하고 품질 좋은 꿀을 선호하는 40대~60대를 타겟으로 하며, 대형 마트와 건강식품 전문 브랜드 등 다양한 경쟁사와 차별화된 꿀 종류와 스토리텔링 마케팅으로 경쟁하고 있습니다.

❶ Company (자사)
- **강점:** 꿀에 대한 전문성, 차별화된 꿀 소싱 채널, 신뢰할 수 있는 브랜드 이미지 구축 등
- **약점:** 자본력 부족, 마케팅 경험 부족, 물류 시스템 미비 등
- **기회:** 온라인 쇼핑몰 성장, 건강식품 시장 확대, 프리미엄 꿀 시장 성장 등
- **위협:** 경쟁 심화, 소비자의 가격 민감도 증가, 식품 안전에 대한 소비자들의 높아진 관심 등

유튜브 쇼핑 이해

온라인 사업 이해

시스템 구축

상품 관리

운영 관리

유튜브 연결

지속적 운영

❷ Customer (고객)

• **타겟 고객:** 건강을 중시하는 40대~60대, 프리미엄 제품을 선호하는 고객 등
• **고객 니즈:** 품질 좋은 꿀, 다양한 종류의 꿀, 건강 정보 제공, 편리한 구매 시스템 등

❸ Competitor (경쟁사)

• **직접 경쟁사:** 대형 마트, 온라인 쇼핑몰, 농협 등
• **간접 경쟁사:** 건강식품 전문 브랜드, 수입 식품 판매업체 등
• **경쟁 우위:** 차별화된 꿀 종류, 스토리텔링 마케팅, 프리미엄 이미지 구축 등

---

2 ▶ STP 분석 (SEGMENTATION, TARGETING, POSITIONING)

전체 시장을 연령, 성별, 지역 등 특정 기준으로 나누어 세분화하고, 그중에서 자사 제품에 가장 적합한 목표 시장을 선정하여 경쟁사와 차별화된 위치를 확보하는 것을 STP 분석이라고 합니다.

저자의 꿀 판매 STP

연령, 성별, 지역, 건강에 대한 관심도 등 다양한 기준으로 시장을 세분화하여 건강을 중시하고 프리미엄 제품을 선호하는 40~60대를 타겟으로 설정하고, 차별화된 스토리텔링과 친환경, 청정 꿀을 강조하여 프리미엄 꿀 브랜드로 자리매김하고자 합니다.

❶ Segmentation (시장 세분화)

• **인구통계학적 세분화:** 연령, 성별, 소득 수준 등
• **지리적 세분화:** 지역별 특산물 꿀 판매
• **행동적 세분화:** 구매 빈도, 브랜드 충성도 등
• **심리적 세분화:** 건강에 대한 관심도, 가치관 등

❷ Targeting (타겟팅)

• **주요 타겟:** 건강을 중시하고 프리미엄 제품을 선호하는 40대~60대

❸ Positioning (포지셔닝)

• 차별화된 스토리텔링을 통해 프리미엄 꿀 브랜드로 자리매김
• 건강과 미용에 관심 있는 고객을 위한 맞춤형 상품 개발
• 친환경, 청정 꿀을 강조하여 차별화

3 ▶ SWOT 분석 (Strengths, Weaknesses, Opportunities, Threats)

자사의 강점과 약점을 내부적으로 분석하고, 외부 환경에서 발생하는 새로운 기회와 위협을 파악하여 기업의 경쟁력을 강화하고 성장을 위한 전략을 수립하는 것을 SWOT 분석이라고 합니다.

저자의 꿀 판매 SWOT

자연산 꿀의 차별화된 맛과 건강, 자연 친화적인 이미지를 바탕으로 프리미엄 시장을 공략할 수 있는 강점이 있습니다. 한편 생산량의 한계와 높은 가격, 유통 채널의 제한 등의 약점이 존재하며, 건강에 관한 관심 증가와 온라인 판매 확대라는 기회 요인과 함께 가짜 꿀 유통, 경쟁 심화, 자연환경 변화와 같은 위협 요인에 직면해 있습니다.

❶ 강점 (Strengths)

• **자연 친화적 이미지:** 자연산 꿀은 인공적인 가공 과정을 거치지 않아 건강과 자연을 중시하는 소비자들에게 매력적인 이미지를 제공합니다.
• **차별화된 제품:** 대량 생산되는 꿀과 달리 자연산 꿀은 벌의 종류, 채집 시기, 지역에 따라 맛과 향이 다양하여 차별화된 제품을 제공할 수 있습니다.
• **고급 이미지:** 자연산 꿀은 일반 꿀에 비해 높은 가격대로 판매되어 고급 이미지를 형성하고, 프리미엄 시장을 공략할 수 있습니다.

❷ 약점 (Weaknesses)

- **생산량의 한계:** 자연환경에 의존하기 때문에 생산량이 일정하지 않고, 수요에 따라 공급이 부족할 수 있습니다.
- **가격 경쟁력 부족:** 대량 생산되는 꿀에 비해 가격이 높아 가격 경쟁력이 떨어질 수 있습니다.
- **유통 채널의 한계:** 대형 유통망 진입이 어렵고, 소규모 판매에 의존하는 경우가 많아 유통망이 제한적일 수 있습니다.

❸ 기회 (Opportunities)

- **건강에 관한 관심 증가:** 건강에 대한 소비자들의 관심이 높아지면서 자연산 꿀에 대한 수요가 증가하고 있습니다.
- **온라인 판매 확대:** 온라인 쇼핑몰을 통한 판매가 활성화되면서 소비자에게 직접 제품을 판매할 수 있는 기회가 확대되었습니다.
- **프리미엄 시장 성장:** 프리미엄 식품 시장이 성장하면서 고급 꿀에 대한 수요가 증가하고 있습니다.

❹ 위협 (Threats)

- **가짜 꿀 유통:** 시장에 가짜 꿀이 유통되어 소비자의 신뢰를 잃을 수 있습니다.
- **경쟁 심화:** 다양한 꿀 제품들이 출시되면서 경쟁이 심화되고 있습니다.
- **자연환경 변화:** 기후 변화 등 자연환경 변화로 인해 꿀 생산량이 감소할 수 있습니다.

4 > 4P 분석 (PRODUCT, PRICE, PLACE, PROMOTION)

제품의 특징과 품질, 가격 경쟁력, 유통 채널, 그리고 다양한 마케팅 활동을 종합적으로 분석하여 제품을 효과적으로 시장에 출시하고 판매를 촉진하는 것을 **4P 분석**이라고 합니다.

저자의 꿀 판매 4P

자연산 꿀의 품질과 다양한 맛을 강조하여 프리미엄 이미지를 구축하고, 경쟁사 대비 합리적인 가격으로 책정하며, 온라인 쇼핑몰과 전문 식품점을 통해 유통하고, 건강과 자연을 테마로 한 마케팅을 통해 판매를 촉진하는 전략을 수립합니다.

❶ 제품(Product)
• 자연산 꿀의 품질과 다양한 맛을 강조하여 제품의 차별화 포인트를 명확히 했습니다.

❷ 가격(Price)
• 경쟁사와의 비교를 통해 합리적인 가격을 책정한다는 내용을 포함하여 가격 경쟁력을 강조했습니다.

❸ 유통(Place)
• 온라인 쇼핑몰과 전문 식품점이라는 구체적인 유통 채널을 언급하여 유통 전략을 제시했습니다.

❹ 촉진(Promotion)
• 건강과 자연을 테마로 한 마케팅이라는 내용을 포함하여 소비자에게 어필할 수 있는 촉진 전략을 제시했습니다.

끊임없이 변화하는 시장 속에서 성공적인 사업을 지속해 나가기 위해서는 체계적인 분석이 필수적입니다. 마치 나침반이 방향을 제시하듯, 3C, STP, SWOT, 4P 분석과 같은 다양한 분석 도구들은 사업의 현재 위치를 정확히 파악하고 나아갈 방향을 설정하는 데 큰 도움을 줍니다.

유튜브 쇼핑의 이해

온라인 사업 이해

시스템 구축

상품 관리

운영 관리

유튜브 광고

지속적 운영

5 ▶ 꾸준한 분석을 통해 얻을 수 있는 효과

❶ 빠른 의사 결정

시장 변화에 대한 정확한 정보를 바탕으로 신속하게 의사를 결정하고, 위험을 최소화할 수 있습니다.

❷ 경쟁 우위 확보

경쟁사의 움직임을 파악하고, 자사의 강점을 극대화하여 경쟁 우위를 확보할 수 있습니다.

❸ 고객 만족도 향상

고객의 니즈를 정확히 파악하고, 이에 맞는 제품과 서비스를 제공하여 고객 만족도를 높일 수 있습니다.

❹ 지속적인 성장

분석 결과를 바탕으로 개선점을 찾고, 새로운 기회를 발굴하여 지속적인 성장을 이끌어낼 수 있습니다.

저자의 말말말

3C, STP, SWOT, 4P 분석을 꾸준히 하며 나의 고객은 누구인가? 어떤 제품을 찾고 있는가? 가격은 적절할까? 등과 같이 질문하며 길을 찾은 결과, 지난 시간보다 성장하고 있다는 것을 발견하게 되었습니다. 결국 꾸준한 분석과 적용이야말로 정답임을 알 수 있습니다.

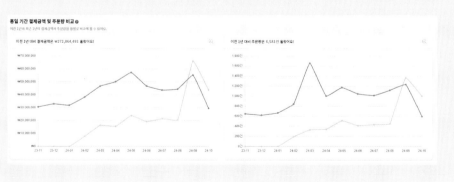

쇼핑몰 사업을 위한 아이템 선정 시 고려 사항

쇼핑몰에서 판매할 아이템을 선정하는 데에도 여러 가지 고려할 점들이 있습니다. 아래 리스트를 참고하여 가장 이득이 되는 아이템을 찾아보세요.

❶ 상품 공급

- **안정적인 공급망 확보 가능 여부:** 꾸준한 상품 공급이 가능한 협력업체 또는 공급망을 확보할 수 있는지 확인해야 합니다.
- **재고 관리의 어려움:** 유행에 민감하거나 시즌성이 강한 상품의 경우 재고 관리가 어려울 수 있습니다.
- **생산 단가:** 상품의 생산 단가가 합리적인지, 이윤 확보가 가능한 수준인지 확인해야 합니다.

❷ 상품 특성

- **전문성:** 해당 상품에 대한 충분한 지식과 정보를 가지고 있는지, 전문성을 갖추고 있는지 확인해야 합니다.
- **차별화 가능성:** 경쟁 제품과 차별화되는 특징이나 강점이 있는지 확인해야 합니다.
- **유행 민감도:** 유행에 민감한 상품의 경우 빠르게 트렌드를 파악하고 상품을 기획해야 합니다.
- **계절성:** 계절에 따라 수요가 변동되는 상품의 경우, 비수기에 대한 대비책을 마련해야 합니다.
- **법적 규제:** 관련 법규를 준수해야 하며, 안전 관련 규정을 위반하지 않는 상품인지 확인해야 합니다.

❸ 시장 분석

- **시장 규모:** 해당 상품의 시장 규모가 충분한지, 성장 가능성이 있는지 확인해야 합니다.
- **경쟁 강도:** 경쟁 업체의 수와 규모, 그리고 경쟁 강도를 파악하여 차별화 전략을 수립해야 합니다.
- **잠재 고객:** 타겟 고객층을 명확히 설정하고, 그들의 니즈와 선호도를 파악해야 합니다.
- **마케팅 가능성:** 해당 상품을 효과적으로 홍보하고 판매할 수 있는 마케팅 전략을 수립할 수 있는지 확인해야 합니다.

❹ 수익성

- **판매 가격:** 경쟁사 제품과 비교하여 적정한 판매 가격을 설정할 수 있는지 확인해야 합니다.
- **마진율:** 충분한 이윤을 낼 수 있는 마진율을 확보할 수 있는지 확인해야 합니다.
- **회수 기간:** 투자금 회수 기간을 예측하고, 사업의 지속 가능성을 검토해야 합니다.

❺ 추가적인 고려 사항

- **제품 파손 위험:** 배송 중 파손될 위험이 있는 제품의 경우, 안전한 포장 방법을 마련해야 합니다.
- **반품률:** 고객의 반품 가능성을 고려하여 반품 정책을 수립하고, 불량률을 최소화하기 위한 노력을 해야 합니다.
- **A/S:** 제품에 대한 A/S가 필요한 경우, 효율적인 A/S 시스템을 구축해야 합니다.

체크해 보세요

카페24 쇼핑몰 개설 후 관리자 페이지에서 [풀필먼트] 메뉴에 들어가면 아이템 선정을 할 때 도움이 되는 자료가 많이 있습니다. 국내/해외 아이템 소싱부터 배송 방법까지 다양하게 정리된 정보를 볼 수 있으니, 준비하는 과정에서 꼭 확인해 보는 것을 추천합니다.

10 제품을 제공해 주는 공급처와 미팅을 위한 준비 사항

쇼핑몰 사업을 시작하는 시기에 제품 공급처와의 미팅은 성공적인 사업을 위한 필수 코스입니다. 미팅을 통해 신뢰를 구축하고 원활한 협력 관계를 형성하는 것이 중요합니다. 미팅 전에 꼼꼼하게 준비하여 성공적인 미팅을 만들 수 있도록 아래 내용을 참고해 보세요.

1 ▸ 사업 소개서 준비

· 회사 소개
쇼핑몰의 설립 목표, 비전, 차별화된 경쟁력 등을 간략하게 소개합니다.

· 타겟 고객
주요 타겟 고객층의 특징과 니즈를 명확하게 제시합니다.

· 판매 채널
온라인 쇼핑몰, 유튜브 쇼핑, 오프라인 매장 등 판매 채널을 구체적으로 설명합니다.

· 마케팅 전략
SNS 마케팅, 유튜브 마케팅, 블로그 마케팅 등 다양한 마케팅 전략을 소개하고, 공급처와의 협업 가능성을 제시합니다.

· 기대 효과
공급처와의 협력을 통해 얻을 수 있는 시너지 효과를 강조합니다.

유튜브 쇼핑 이해

온라인 사업 이해

시스템 구축

상품 관리

운영 관리

유튜브 광고

지속적 운영

아래 화면은 미리캔버스 프로그램을 통해 사업 소개서를 작성하고 있는 모습입니다. 일반적으로 파워포인트로 작성하지만, 문서 작성에 익숙하지 않을 때는 미리캔버스에서 제공하는 템플릿을 활용하여 쉽게 만들 수 있습니다.

2 › 상품 공급 계약서

· **계약 조건**

납품 기간, 납품 방식, 결제 조건, A/S 등 계약 조건을 꼼꼼히 확인합니다.

· **책임 소재**

불량품 발생 시 책임 소재, 환불 조건 등을 명확히 규정합니다.

· **계약 기간**

계약 기간 및 자동 연장 여부를 확인합니다.

3 › 기타 준비 사항

· **명함**

회사 로고, 쇼핑몰 주소, 연락처를 공유하여 빠른 소통이 될 수 있도록 합니다.

· **제품 관련 자료**

공급받고 싶은 제품의 상세 정보, 이미지 등을 준비합니다.

· **질문 리스트**

미팅 중 궁금한 점을 미리 정리하여 질문합니다.

· **샘플 제품**

가능하다면 샘플 제품을 지참하여 직접 확인할 수 있도록 합니다.

4 ▶ 미팅 보고서 작성

· 미팅 내용 요약

미팅에서 논의된 주요 내용을 간략하게 정리합니다.

· 결정 사항

협의된 내용, 다음 미팅 일정 등을 명확하게 기록합니다.

· 담당자 의견

공급처 담당자의 의견을 종합하여 분석합니다.

· 향후 계획

앞으로의 협력 방안 및 추진 계획을 제시합니다.

[상품 공급 계약서 샘플]

상품 공급 계약서

본 계약에서 _____ (이하 '판매대행사'라고 한다)은 _____ (이하 '공급사'라고 한다)와 물품공급 관련하여 다음과 같이 기본계약을 체결한다.

제1조(계약의 목적)

본 계약은 '공급사'에서 제공하는 '제품 및 사은품'(이하 '상품'이라 한다)을 '판매대행사'가 광고 홍보하고 판매함에 있어 상호 간에 상품공급 관련 기본계약을 신의에 따라 성실히 이행함을 목적으로 한다.

제2조(상품의 공급의무)

① '공급사'는 '판매대행사'가 주문한 상품에 대해 지정한 기일 이내에 상품 공급이 가능해야 한다.

② '공급사'는 계약서에 첨부된 상품 기술서와 동일한 내용의 제품을 공급해야 하며 상호 협의에 의해 제품 사양이 변경될 수 있다.

③ '공급사'는 재고부족 등 공급과 관련하여 문제가 발생할 소지가 있을 경우 최소 10일 전에 '판매대행사'에게 통지하고 그에 대한 대처 방안을 상호 협의하여야 한다.

④ '판매대행사'는 '공급사'의 귀책사유로 인하여 '판매대행사'의 고객에게 약속한 상품 배송기한이 초과할 경우, 배송지연에 대한 책임을 금액으로 '공급사'에게 요구할 수 있다. 단, 일시적인 품절이나 천재지변 등의 이유로 인하여 불가피하게 배송이 지연될 경우 그 사실을 즉시 '판매대행사'에게 전달해야 한다.

⑤ 고객이 상품 사용 중에 직접적인 원인으로 인해 다치거나 기타 상해를 입을 수 있는 상품일 경우에는 소개 내용에 주의사항을 반드시 고지해야 하고 1억 원 이상의 생산물 배상책임 보험을 공급사는 반드시 가입하여야 한다.

제3조(상품의 공급가격 및 판매가격)

① 상품공급가격은 배송비 및 부가가치세, 기타비용을 협의한 후에 정할 수 있다.

② '공급사'는 '판매대행사'에게 공급하는 상품의 공급가격을 결정함에 있어 공급 당시 '판매대행사'의 경쟁 관계에 있는 상품과 비교하여 최상의 경쟁력을 발휘할 수 있도록 한다.

③ '판매대행사'는 '공급사'와 합의한 가격을 준수한다.

제4조(상품정보의 제공의무)

① '공급사'는 상품의 명칭, 모델, 유통기한, 특징, 사양, 원산지, A/S 정보 등 '판매대행사'가 요청하는 상품에 관한 정보를 '판매대행사'가 요청한 형식대로 상품기술서를 제공하여야 한다.

② '공급사'는 상품기술서에 명시된 내용을 준수하여야 하며 상품의 유통을 위하여 상품판매개시 전 상표등록증, 시험성적서, 기술자료, 평가자료, 원산지 증명서, 소비자보호를 위한 보험청약서 등 관계법령이 정하는 바를 준수해야 하며 시효나 관계법령의 개정으로 인해 추가 인증이 필요한 경우, 즉시 보완하여야 한다.

③ '공급사'는 상품정보, 가격변동 및 재고현황 등에 대한 정확한 정보 전달을 지체하여 해당상품 주문건에 대하여 교환 또는 반품요청 등이 발생할 경우, 그로 인한 비용 및 고객에 대한 배상금 등은 '공급사'가 부담하기로 한다.

제5조(상품의 발주)

① '판매대행사'는 '공급사'가 제공하는 상품을 구매하고자 하는 '판매대행사'의 고객으로부터 매수 주문을 받은 후 상품의 종류, 품목, 수량, 배송장소, 배송기일 등이 기재된 주문서를 당사자들이 별도로 합의한 방법에 따라 '공급사'에게 송부함으로써 상품을 주문한다.

제6조(상품의 배송)

① '공급사'는 주문서를 확인한 후 즉시 배송처리를 해야 하며 재고가 부족할 시엔 '판매대행사'와 발송 예정 기일을 협의할 수 있다.

② '공급사'는 주문내역을 확인하고 상품 배송 중 상품이 파손되지 않도록 적절한 포장을 한 후 물류대행(택배)업체에 배송을 위탁하고 운송장번호를 판매대행사에 알려야 한다.

③ '공급사'가 상품을 협의에 의해 정한 기한 내에 발송하지 아니하거나, 고객이 상품을 수령하지 못한 경우 이로 인한 책임은 '공급사'에게 있다.

④ '공급사'의 귀책사유 이외의 사유로 발생된 손해는 '공급사'와 '판매대행사'가 공동 부담한다.

제7조(환불 및 리콜)

① 고객이 상품을 수령한 날로부터 7일 이내에 환불을 요청하는 경우 '판매대행사'는 전자상거래 등에서의 소비자보호에 관한 법률에 의거하여 환불을 해주어야 한다.

② '판매대행사'는 소비자의 반품요청이 있거나 상품이 반품된 경우에는 24시간 이내에 '공급사'에게 통지하여, '판매대행사'가 신속하게 소비자에게 환불할 수 있도록 협력하여야 한다.

③ '판매대행사'는 환불조치 후 익일까지 전화(fax 포함) 또는 서면(합의한 방법)으로 '공급사'에게 그 사실을 통보하기로 하며, 제11조에 따른 상품대금 지급 시 이를 정산하기로 한다.

④ 전자상거래 소비자 보호법에 명기된 사항의 상품 회수 비용은 '공급사'가 부담하고 '판매대행사'의 귀책사유로 인해 발생된 비용은 "판매대행사"가 부담한다.

⑤ '공급사'는 제품상의 결함 또는 사용자의 안전상에 결함이 있는 경우 전량 리콜(수리, 교환, 환불)하여야 하며, 리콜에 따른 비용을 부담하여야 한다.

제8조(품질보증 및 애프터 서비스)

① '공급사'는 '판매대행사'에게 제공하여 게시되거나 방송된 상품정보에서 제시된 기간 및 조건에 따라 판매된 상품에 대한 품질보증 및 애프터 서비스를 자신의 책임과 비용으로 실시하여야 한다.

② '공급사'가 '판매대행사'에게 공급하는 상품에는 하자가 없어야 한다.

③ '공급사'는 '판매대행사'에게 납품한 상품에 대한 하자를 책임질 의무가 있다.

제9조(상품대금 지급)

① 상품대금 지급은 협의하여 정산을 원칙으로 하고, 협의 후 변경 가능하며 정산된 금액은 '공급사'에 직접 입금한다.

제10조(저작권 및 상표사용권 사용)

① '판매대행사'는 계약기간 중 '공급사'의 상표나 로고, 영상물, 이미지, 상품에 대한 인증서를 사용할 수 있다.

② '공급사'는 '판매대행사'와의 본건 거래과정에서 취득한 '판매대행사'의 소비자 또는 회원에 대한 정보를 이용하여 '판매대행사'의 회원에게 직접 상품을 판매하여서는 아니 되고, 이를 유출하거나 본건 계약목적 이외의 용도로 사용하여서는 아니 된다.

제11조(계약의 해지)

당사자 중 일방(이하 '위약 당사자')에게 다음 각호의 사유가 발생한 경우 그 상대방 당사자는 별도의 최고 없이 위약당사자에게 계약 해지의 통지를 함으로써 본 계약을 해지할 수 있다.

① 본 계약 및 본 계약의 일부를 이루는 부속계약상의 의무를 위반하여 상대방 당사자로터 그 시정을 요구받은 후 7일 이내에 이를 시정하지 아니한 경우
② 감독관청에 의하여 영업 또는 허가의 취소 또는 정지 등의 처분을 받은 경우
③ 파산, 화의 또는 회사정리 절차의 신청이 있거나 스스로 이를 신청한 경우
④ 위약 당사자가 발행한 어음 또는 수표가 부도로 되거나 은행과의 거래가 정지 또는 금지된 경우
⑤ 현저하게 상대방의 명예를 훼손한 경우
⑥ 일방에게 계약기간 내에 계약이행을 할 수 없거나 계약목적을 달성할 수 없게 할 만한 중대한 사유가 생긴 경우 제1항에 의하여 계약이 해지된 경우 그 해지된 날을 대금정산에 있어서의 말일로 보고, 동조에서 정한 절차에 따라 대금을 정산한다.
⑦ 본 계약의 해지에도 불구하고 계약 해지 시까지 배송되지 아니한 고객의 주문상품이 있거나, 교환 또는 환불 요청된 상품이 있는 경우 '판매대행사'는 상품의 배송, 교환 및 환불에 필요한 협력을 '공급사'에게 제공하여야 한다.
⑧ 본 계약의 해지 후에도 이미 판매한 물건과 관련하여 발생한 '공급사'의 책임과 관련된 조항은 그 효력을 유지한다.

제12조(손해 배상)

① 당사자 중 일방이 본 계약을 위반하거나, 자신 또는 피고용인, 기타 본 계약의 이행과 관련하여 도급, 위임 등으로 자신이 이행하여야 할 의무를 대신 이행하는 자의 책임있는 사유로 상대방에 대하여 손해를 끼친 경우에, 그 당사자는 상대방 당사자에게 발생한 모든 손해를 배상할 책임이 있다. 다만 천재지변, 비상사태, 법규상의 제한, 공공기관의 행정 지도 등에 해당하는 불가항력적 사고로 인하여 발생한 계약 불이행이나 이행의 지체에 대하여는 그 어느 일방도 상대방에게 책임을 지지 아니한다.
② '공급사'가 제공한 상품정보에 오류가 있거나 허위광고, 과대광고로 인정되어 '판매대행사'에게 손해가 발생할 경우 '공급사'는 이로 인한 모든 손해를 배상하여야 한다.

제13조(비밀유지)

① 각 당사자는 법령상 요구되는 경우를 제외하고는 본건 계약과 관련하여 상대방으로부터 취득한 고객명부, 기술정보, 생산 및 판매계획, 노하우 등 비밀로 관리되는 정보를 제3자에게 누설하여서는 아니 되고, 그 정보를 본 계약 이외의 목적으로 이용하여서는 아니 된다.

② 본 조 제1항의 의무는 본 계약의 계약기간이 종료된 후 1년간 존속한다.

제14조(계약기간)

본 계약의 유효기간은 계약일로부터 1년으로 하고, 계약기간 만료 1개월 전까지 서면에 의한 반대의 의사표시가 없는 한 본 계약은 전과 동일한 조건으로 갱신된다.

제15조(관할)

계약과 관련한 분쟁이 발생하여 소송이 제기되는 경우 _____의 소재지의 지역법원을 관할법원으로 한다.

당사자들은 이상과 같이 합의하고, 그 증명을 위하여 계약서 2부를 작성한 후 각 1부씩 보관하기로 한다.

2024 년   월   일

판매대행사	상 호	
	주 소	
	성 명	

공 급 사	상 호	
	주 소	
	성 명	

첨부서류: 사업자등록증, 통장사본

상품 공급 계약 체결 후에는 본격적인 거래가 시작되는 만큼, 원활한 상품 공급과 판매를 위해 꼼꼼히 체크해야 할 사항들이 많습니다. 쇼핑몰 운영 입장에서 체크해야 할 주요 사항들은 아래와 같습니다.

① 배송 관련 사항

계약서상 명시된 배송 기간을 재확인하고, 상품 특성에 맞는 최적의 배송 방법 및 비용 분담 방식을 협의하여 실제 배송 일정을 확정하며, 공급업체와 연동된 배송 추적 시스템을 구축하여 고객에게 실시간 배송 정보를 제공합니다. 특히 시즌 상품이나 대량 주문 등의 경우에는 별도의 협의를 통해 배송 일정을 조정할 수 있습니다.

② 발주 및 재고 관리

실시간 재고 관리 시스템과 품질 검수 프로세스를 통해 재고 부족이나 불량품으로 인한 손실을 최소화하고, 효율적인 재고 운영을 위한 방법을 협의합니다.

③ 결제 및 정산

계약 조건에 따른 결제, 세금계산서 발행, 정기적인 정산을 통해 투명한 거래를 진행하며, 발생하는 문제는 신속하게 해결하기 위해 항상 상의하고 협의하는 자세를 갖춰야 합니다.

유튜브 쇼핑 이해

운라인 사업 이해

시스템 구축

상품 관리

운영 관리

유튜브 광고

지속적 운영

Part. 3

유튜브 쇼핑몰을 위한
시스템 구축

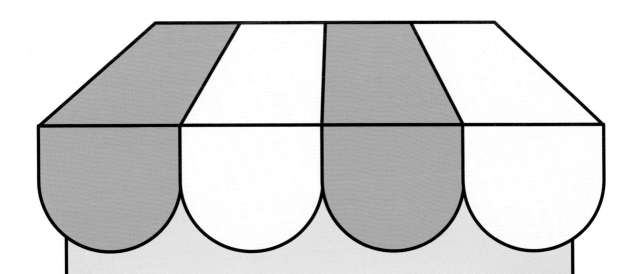

유튜브 채널 개설, 영상 등록 및 수익 창출 알림 받기 설정

| 구글 | 유튜브 | 채널 디자인 | 영상 등록 | 수익 창출 |
| 계정 등록 | 채널 개설 | | | 알림 설정 |

유튜브 채널 개설 및 디자인

유튜브 쇼핑을 하기 위해서는 구글 계정이 있어야만 합니다. 구글 계정을 만든 후에 해당 계정으로 유튜브에 로그인하고 유튜브 채널을 개설하면 유튜브 쇼핑을 시작할 수 있습니다.

01 구글 계정을 만들기 위해 구글 홈페이지에 접속한 후에 구글 앱 버튼을 클릭하고 [계정] 메뉴를 클릭합니다.

02 구글 계정을 만들 수 있는 화면이 나오는 것을 볼 수 있으며, 화면에서 [계정 만들기]를 클릭한 후에 사용자의 이름과 전화번호 인증 그리고 개인정보 동의에 체크하는 화면이 나옵니다.

03 화면 안내에 따라서 내용을 입력하면 구글 계정 만들기는 완료되고 아래와 같은 화면이 나옵니다. 이렇게 만들어진 계정은 구글의 모든 서비스를 사용할 수 있습니다.

04 구글 계정을 만든 후에 유튜브로 이동하여 유튜브에서 로그인합니다. 유튜브에 로그인한 후에 프로필 이미지를 클릭하면 [채널 만들기] 항목이 나옵니다. 클릭하면 나의 기본 채널이 나오는 것을 볼 수 있습니다.

05 채널 만들기 기본 화면에서 [채널 맞춤설정] 버튼을 클릭하면 유튜브 스튜디오로 이동합니다.

06 유튜브 스튜디오 화면에서 [맞춤설정] 메뉴를 클릭한 후에 [브랜딩] 탭을 클릭하면 사진과 배너 이미지를 설정할 수 있습니다. 사진은 프로필 사진이라고도 하며, 배너 이미지는 채널 아트라고도 합니다.

유튜브 채널을 운영하는 과정에서 사진과 배너 이미지는 매우 중요합니다. 마치 가게의 간판과 같이, 사진과 배너 이미지는 시청자들에게 첫인상을 심어주고 채널의 브랜드 이미지를 구축하는 데 중요한 역할을 합니다. 또한, 시청자들이 채널을 구독하고 콘텐츠를 시청할지 결정하는 데에도 영향을 미칠 수 있습니다.

사진[프로필 이미지]: 프로필 사진은 채널을 대표하는 이미지이며, 유튜브 검색 결과, 댓글, 구독 목록 등에 표시됩니다. 따라서, 채널의 주제를 잘 나타내는 명확하고 인상적인 프로필 사진을 사용해야 합니다.

배너 이미지 [채널 아트]: 배너 이미지는 채널의 배경 이미지이며, 채널 홈페이지 상단에 크게 표시됩니다. 배너 이미지는 프로필 사진보다 더 큰 이미지이기 때문에, 채널의 분위기와 개성을 표현하는 데 더욱 효과적으로 활용할 수 있습니다.

이미지 크기는 아래와 같이 제작하여 업로드 버튼을 클릭하여 등록할 수 있습니다.
사진: 98x98픽셀 이상, 4MB 이하
배너 이미지: 2048x1152픽셀 이상, 6MB 이하

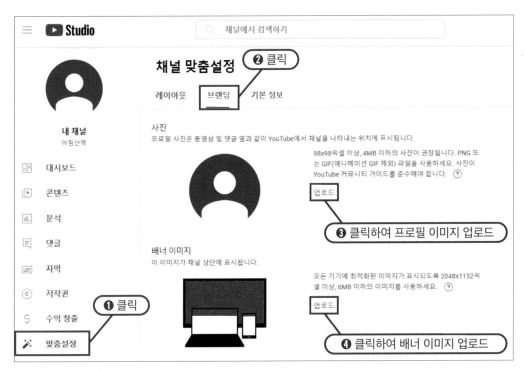

[채널 맞춤설정 초기 화면]

[채널 맞춤설정 디자인 적용 화면]

내 채널이 상점이 되는 유튜브 쇼핑

유튜브 채널을 디자인할 때 미리캔버스나 캔바를 사용하면 유튜브 채널에 최적화된 템플릿을 제공하고 있어서 쉽고 멋지게 디자인 작업을 할 수 있습니다.

미리캔버스와 캔바를 사용하는 이유

① 간편한 사용: 디자인 경험이 없어도 직관적인 인터페이스와 다양한 템플릿을 통해 누구나 쉽게 디자인을 시작할 수 있습니다.

② 풍부한 디자인 요소: 로고, 이미지, 아이콘, 텍스트 등 다양한 디자인 요소를 제공하여 원하는 분위기의 채널 아트를 만들 수 있습니다.

③ 편집 기능: 이미지 자르기, 크기 조정, 필터 적용, 텍스트 편집 등 다양한 편집 기능을 통해 원하는 디자인을 완성할 수 있습니다.

④ 무료 사용: 기본적인 기능은 무료로 제공되므로 비용 부담 없이 사용할 수 있습니다.

[미리캔버스에서 유튜브 채널 아트 템플릿을 선택한 모습]

07 완성된 채널 디자인을 확인하기 위해 [채널 보기]를 클릭하면 유튜브 채널이 나옵니다. 채널을 확인한 후에 반복하여 디자인을 수정할 수 있습니다.

[프로필 이미지와 배너 이미지가 적용된 모습]

유튜브 스튜디오 이해 및 영상 등록

유튜브 스튜디오는 유튜브 크리에이터들이 동영상 제작, 관리, 분석을 한 곳에서 간편하게 할 수 있도록 지원하는 플랫폼입니다. 다양한 기능을 제공하며, 초보 크리에이터부터 전문가까지 모두에게 유용한 도구입니다.

1 ▶ 유튜브 스튜디오의 주요 기능

❶ 콘텐츠 관리

- **동영상 업로드 및 편집:** 동영상을 업로드하고, 제목, 설명, 태그, 카드 등을 편집할 수 있습니다.
- **영상 자막 추가:** 영상에 자막을 추가하고, 다양한 언어로 자막을 설정할 수 있습니다.
- **재생목록 생성:** 여러 개의 동영상을 하나의 재생목록으로 묶을 수 있습니다.
- **라이브 스트리밍:** 실시간으로 동영상을 스트리밍할 수 있습니다.

❷ 채널 관리

- **채널 설정 변경:** 채널 이름, 프로필 사진, 배너 이미지 등 채널 설정을 변경할 수 있습니다.
- **커뮤니티 관리:** 댓글, 메시지, 슈퍼챗 등을 통해 시청자들과 소통할 수 있습니다.
- **브랜딩 설정:** 채널의 브랜딩을 강화하기 위한 다양한 설정을 할 수 있습니다.

❸ 분석 및 데이터

- **시청자 통계:** 동영상 조회 수, 좋아요 수, 댓글 수 등 시청자 통계를 확인할 수 있습니다.
- **인구 통계 데이터:** 시청자의 연령, 성별, 국가 등 인구 통계 데이터를 확인할 수 있습니다.
- **수익 분석:** 채널의 수익 현황을 확인할 수 있습니다.

[유튜브 스튜디오 대시보드]

2 〉 유튜브 채널에 영상 등록하기

<u>01</u> 유튜브에 동영상을 올리기 위해 유튜브 스튜디오 화면에서 [콘텐츠] 메뉴를 클릭한 후
에 [동영상 업로드] 버튼을 클릭합니다.

02 동영상 업로드 대화상자가 나옵니다. 동영상 업로드 대화창에서 [파일 선택] 버튼을 클릭한 후에 업로드할 동영상 파일을 선택하여 불러옵니다.

03 동영상이 업로드되면 동영상 파일의 썸네일과 제목이 자동으로 추출됩니다. 자동으로 추출된 썸네일 이미지와 제목을 그대로 사용해도 되고 원하는 이미지와 내용으로 변경도 가능합니다. 세부정보 항목에 있는 제목과 설명 그리고 썸네일 이미지를 설정한 후에 스크롤바를 하단으로 내립니다.

04 시청자층을 설정하는 화면이 나옵니다. 아동용인지 아동용이 아닌지를 선택합니다. 현재 올린 바다 영상은 아동용이 아니므로 "아니요, 아동용이 아닙니다"를 선택하고 [다음] 버튼을 클릭합니다.

05 동영상 요소를 설정하는 화면에서 최종 화면 추가 및 카드 추가 항목을 설정할 수 있으며 동영상을 처음 올리는 화면이므로 기본값으로 놔두고 [다음] 버튼을 클릭합니다. 그러면 유튜브에서 해당 영상을 검토하고 결과를 보여 주는 화면이 나옵니다. 검사 결과 문제 없음으로 나오면 [다음] 버튼을 클릭하여 영상 등록을 완료합니다.

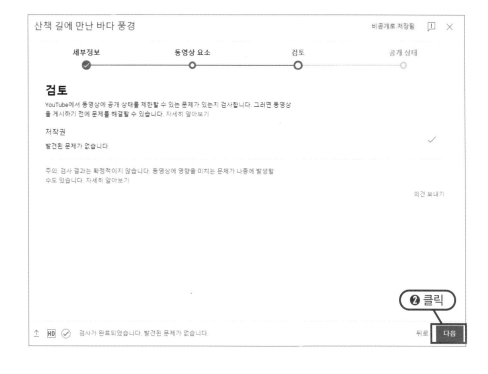

06 동영상을 공개, 일부 공개 또는 비공개로 설정할 수 있습니다. 원하는 항목으로 설정한 후에 바로 게시할 수도 있고, 예약으로 게시를 설정할 수 있습니다. 여기에서는 바로 등록을 하기 위해 예약 설정을 하지 않고 [게시] 버튼을 클릭하겠습니다.

07 유튜브 스튜디오에 동영상이 등록된 것을 확인할 수 있으며, 유튜브 채널에 방문하여 동영상이 등록되었는지 확인하기 위해 내 채널 프로필 이미지를 클릭합니다.

08 내 채널에 접속해 보면 동영상이 등록된 것을 확인할 수 있습니다. 등록된 동영상을 클릭하여 등록한 영상이 정상적으로 등록되었는지 확인합니다.

지금까지 유튜브 채널을 개설하고 처음으로 영상을 등록해 보는 과정을 진행했습니다. 유튜브에서 성공하려면 무엇보다 꾸준한 영상 업로드가 중요합니다. 아무리 훌륭한 콘텐츠를 제작하더라도, 오랜 시간 업로드를 하지 않는다면 어느새 시청자들에게서 잊혀질 것입니다. 시청자들은 꾸준히 새로운 콘텐츠를 기대하며 유튜브 채널을 방문합니다. 규칙적인 업로드 일정을 만들고 지키는 습관을 가지면 성장하는 유튜버가 될 것입니다.

지속적인 영상 발행을 위한 나만의 스케줄 표를 만드는 것을 추천합니다. 예시를 참고하여 작성해 보세요.

요일	콘텐츠 종류	주제	비고
월요일	제품 소개	신상 화장품 리뷰	할인 코드 제공
수요일	HOW TO	여름철 스타일링 코디법	시청자 참여 이벤트
금요일	라이브 방송	고객 Q&A, 랜덤 추첨 이벤트	특별 할인
주말	뒷이야기	촬영 비하인드 스토리	댓글 이벤트

[주간 업로드 스케줄 예시]

내 채널이 상점이 되는 유튜브 쇼핑

유튜브 수익 창출 이해 및 알림 설정

유튜브는 단순히 동영상을 공유하는 플랫폼을 넘어, 콘텐츠 제작자들이 다양한 방식으로 수익을 창출할 수 있는 기회를 제공합니다. 대표적으로 보기 페이지 광고, Shorts 피드 광고, 멤버십, Supers, 쇼핑 등이 있습니다.

01 수익 창출 방법은 내 유튜브 채널 메뉴에서 [수익 창출] 항목을 클릭하여 확인할 수 있습니다.

[유튜브 수익 창출 페이지]

수익 창출 방법에는 총 네 가지가 있으며, 유튜브를 처음 시작하고 기본적인 수익 창출을 하는 방식은 보기 페이지 광고입니다. 그리고 강의를 하거나 유료 정보를 제공할 경우는 멤버십 제도를 활용하여 수익 창출을 하는 것이 일반적입니다. 나에게 맞는 광고 수익 방식을 선정하고 전략적으로 시작해 보세요.

❶ 보기 페이지 광고

동영상 재생 전, 중간, 후반에 광고가 삽입되며, 광고 시청 횟수 또는 클릭 횟수에 따라 수익이 발생합니다. 시청자에게 거부감을 줄 수 있다는 단점이 있지만, 가장 기본적이고 수익 창출 가능성이 높은 방식입니다.

❷ Shorts 피드 광고

유튜브 쇼츠 영상에 게재되는 광고이며, 짧고 매력적인 쇼츠 영상 제작이 중요합니다.

❸ 멤버십

유료 멤버십을 통해 팬들에게 특별한 콘텐츠나 혜택을 제공하고 지속적인 수익을 창출하는 방식입니다. 멤버십 등급별로 다양한 혜택을 제공하며, 팬들과의 소통을 강화하고 커뮤니티를 구축하는 데 효과적입니다. 특정 조건을 충족해야 멤버십 기능을 신청할 수 있으며, 지속적인 콘텐츠 제작과 팬 관리가 중요합니다.

❹ Supers

라이브 스트리밍 중에 시청자들이 돈을 지불하며 보내는 메시지입니다. 팬들과의 실시간 소통을 통해 수익을 창출할 수 있는 방식이며, 재미있는 이벤트나 혜택 제공을 통해 참여를 유도하는 것이 중요합니다.

유튜브 쇼핑 이해

온라인 사업 이해

시스템 구축

상품 관리

영영 관리

유튜브 광고

지속적 운영

02 유튜브 수익 창출 자격 요건이 충족되면 제일 먼저 알 수 있는 방법이 있습니다. 바로 요건을 충족하면 알림을 받을 수 있는 기능입니다. 아래 화면을 보면 [이메일] 버튼이 있는데 [이메일] 버튼을 클릭하면 자격 요건이 되었을 때 이메일로 알려 줍니다.

[수익 창출 자격 요건]

03 수익 창출 조건이 완료되면 아래와 같은 화면으로 변경됩니다.

[수익 창출 승인 화면]

유튜브 쇼핑을 연동할 때는 완화된 자격 요건으로 시작할 수 있습니다.

- **구독자 수:** 기존 1,000명에서 500명으로 완화됩니다.
- **시청 시간:** 원래는 지난 12개월 동안 공개 동영상 시청 시간 4,000시간 또는 지난 90일 동안 공개 Shorts 동영상 시청 조회수 1,000만 회여야 수익 창출이 가능하지만, Shorts 동영상 시청 조회수 300만 회로 완화됩니다. 이렇게 완화된 구독자 수와 시청 시간 중 한 가지 기준만 달성한다면 유튜브 쇼핑을 시작할 수 있습니다.

체크해 보세요

유튜브 쇼핑에 관한 정보 및 수익 급상승 비결에 대해 카페24 유튜브 채널을 통해 관련 자료를 볼 수 있습니다. 특히 유튜브 쇼핑에 관한 영상은 꼭 보는 것을 추천드립니다. 해당 영상을 본 후에 다음 과정에서 나오는 유튜브 쇼핑을 위한 카페24 쇼핑몰 세팅 내용을 공부하면 훨씬 더 이해가 빠를 것입니다.

[카페24 유튜브 공식 채널]

유튜브 쇼핑을 위한 쇼핑몰 구축 및 환경설정

이번 장에서는 유튜브 쇼핑을 위한 쇼핑몰 구축과 꼭 필수로 해야 하는 환경설정 위주로 내용을 정리했습니다. 아래 체크리스트를 체크하며 필수 항목을 모두 설정했는지 다시 한번 확인합니다.

필수 10개 항목 체크리스트

	필수 설정 사항	설정 여부 체크
1	내 쇼핑몰 정보 등록	
2	도메인 설정	
3	부운영자 설정	
4	쇼핑몰 결제 방식 설정	
5	적립금 설정	
6	현금영수증 발행 설정	
7	배송비 설정 및 배송업체 관리	
8	지역별 배송비 설정	
9	쇼핑몰 이용약관 설정	
10	기타 이용 안내 설정	

쇼핑몰을 개설하기 위해 쇼핑몰 솔루션 제공 업체에 가입하는 단계부터 진행해야 합니다. 가입할 때 입력한 아이디와 비밀번호가 쇼핑몰을 운영하는 동안 사용하게 되는 관리자 아이디와 비밀번호가 됩니다. 지금부터 소개하는 카페24 쇼핑몰 호스팅은 무료 서비스라는 큰 장점 이외에도 상품 등록수 무제한, 상품 설명용 이미지를 위한 FTP 용량 무제한, 쇼핑몰 트래픽 무제한 제공 등의 이점이 있습니다.

용어 정리

<트래픽>

트래픽은 인터넷을 통해 전송되는 데이터의 양을 말합니다. 예를 들어 홈페이지에 게시된 1MB 크기의 동영상 파일을 100명이 보는 경우 트래픽은 1MB*100=100MB로 계산됩니다. 트래픽 무제한 이라는 것은 본인의 홈페이지에 접속하는 사람들에 의해 발생하는 트래픽 양을 제한하지 않는다는 뜻입니다.

<호스팅>

호스팅이란 웹사이트를 운영하기 위해 필요한 모든 파일과 데이터를 저장하고, 전 세계 어디서든 접속할 수 있도록 해주는 서비스를 의미합니다. 마치 집을 짓기 위해 땅(서버)을 빌려 사용하는 것과 비슷하다고 생각하면 됩니다.

<FTP(File Transfer Protocol)>

FTP는 파일 전송 프로토콜의 약자로, 컴퓨터와 서버 간에 파일을 주고받을 때 사용하는 통신 규약입니다. 쉽게 말해, 내 컴퓨터에 있는 파일을 웹 서버에 올리거나, 서버에 있는 파일을 내 컴퓨터로 가져오는 데 사용되는 도구라고 할 수 있습니다.

유튜브 쇼핑 이해

온라인 사업 이해

시스템 구축

상품 관리

운영 관리

유튜브 연동

지속적 운영

01 가입을 위해 인터넷 주소에 'https://www.cafe24.com'를 입력하고 이동하면 카페24 쇼핑몰 센터가 나옵니다. 카페24 쇼핑몰 센터 화면에서 [쇼핑몰 만들기] 버튼을 클릭하고 쇼핑몰 가입을 합니다.

[카페24 쇼핑몰 메인 화면]

02 쇼핑몰을 만들기 위해 가입 단계에서 먼저 적합한 가입 유형을 선택해야 합니다. 카페24 쇼핑몰은 일반적으로 일반회원, 개인사업자, 법인/기관 세 가지 유형 중 하나를 선택하여 가입할 수 있습니다. 아래 설명을 보고 각 유형의 장점과 단점을 꼼꼼히 비교 분석하여 자신에게 가장 적합한 선택을 하여 가입을 진행하면 됩니다.

회원 구분

❶ 일반회원

가입 및 이용 절차가 간편하고 빠릅니다. 테스트용으로 쇼핑몰을 제작하고 운영하는 방식을 익히기에 적합하며, 무통장 입금 방식으로 배송 처리를 할 수 있습니다. 단점으로는 실제 판매가 불가능하며, 카드 결제 시스템 연동을 할 수 없습니다. 추후 사업자등록증을 내게 되면 일반회원에서 사업자 회원으로 전환이 가능합니다.

❷ 개인사업자

일반회원 대비 더 많은 기능 및 서비스 이용이 가능합니다. 쇼핑몰에 결제 시스템 연동 및 도매몰을 연동하여 상품을 대량등록하는 기능 등 사업자 인증을 받으면 운영에 유용한 기능들을 사용할 수 있습니다. 또 실제로 쇼핑몰을 운영할 수 있는 자격이 주어집니다. 단점으로는 일반회원 대비 설정해야 하는 기능이 많으며, 사업자등록증이 있어야 하고, 사업자등록증을 제출한 후에 심사 기간이 있다는 점입니다.

❸ 법인/기관

개인사업자와 같이 쇼핑몰을 운영할 수 있는 모든 기능을 제공하며, 강화된 고객센터 지원 및 전문 컨설팅 서비스를 받을 수 있습니다. 가입을 진행할 때 실제 운영하는 법인 사업자 또는 기관/단체의 사업자등록번호 또는 고유 번호를 입력해야 가입을 진행할 수 있습니다. 단점으로는 일반회원 대비 설정해야 하는 기능이 많으며, 법인 사업자 및 고유 번호가 있어야 가입 가능하고, 서류를 제출한 후에 심사 기간이 있다는 점입니다.

2 〉 쇼핑몰 관리자 접속 및 페이지 이해하기

쇼핑몰 관리자 페이지에 접속하기 위해서는 카페24 쇼핑몰 주소(https://www.cafe24.com)에 접속한 후에 [로그인] 버튼을 클릭하면 로그인 서비스를 선택하는 화면이 나옵니다. 서비스 선택 화면에서 쇼핑몰관리자 메뉴에 있는 [로그인] 버튼을 클릭합니다. 로그인 화면에서 가입한 아이디와 비밀번호를 입력하고 [로그인] 버튼을 클릭하면 관리자 페이지에 접속할 수 있습니다.

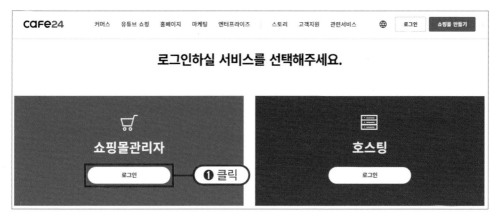

[쇼핑몰관리자 로그인 화면]

쇼핑몰 관리자 페이지는 다양한 메뉴를 통해 쇼핑몰을 효율적으로 관리하고 운영할 수 있도록 구성되어 있습니다. 많은 메뉴 중에 쇼핑몰 운영에 자주 사용하는 메뉴로는 홈, 쇼핑몰 설정, 주문, 상품, 고객, 게시판, 디자인, 프로모션, 마켓플러스 등 9개가 있습니다.

[쇼핑몰 관리자 페이지]

자주 사용하는 메뉴 이해

❶ 홈

쇼핑몰의 콘텐츠를 관리하는 메뉴입니다. 오늘의 할 일을 통해 주문 및 취소 교환 등 쇼핑몰 주문 배송에 필요한 전반적인 사항을 바로 볼 수 있으며, 공지사항 및 쇼핑몰 업데이트 사항을 바로 확인할 수 있습니다.

❷ 주문

고객의 주문을 관리하는 메뉴입니다. 주문 내역을 확인하고, 배송 상태를 관리하며, 환불/반품 처리를 진행하고, 현금영수증 및 세금계산서를 발행할 수 있는 메뉴입니다.

❸ 상품

판매할 상품을 등록하고 관리하는 메뉴입니다. 상품 이미지, 설명, 가격, 재고 등을 등록하고, 카테고리를 분류하며, 상품 옵션을 설정하고, 등록한 상품을 관리할 수 있습니다.

❹ 고객

쇼핑몰 고객을 관리하는 메뉴입니다. 회원 정보를 확인하고, 고객 등급 및 고객 혜택을 제공할 수 있습니다.

❺ 게시판

쇼핑몰 내 게시판을 관리하는 메뉴입니다. 게시판 종류를 설정하고 게시글을 작성하고 관리하며, 상품 리뷰 및 댓글을 관리할 수 있습니다.

❻ 디자인

쇼핑몰 디자인을 설정하는 메뉴입니다. 다양한 템플릿 중에서 원하는 템플릿을 선택하고, 디자인 요소를 직접 수정하며, 모바일 디자인을 설정할 수 있습니다.

❼ 프로모션

쇼핑몰 마케팅을 위한 프로모션을 관리하는 메뉴입니다. 쿠폰/할인 행사를 기획하고 진행하며, 포인트 시스템을 설정하고 관리하고, 이벤트를 개최하고 관리할 수 있습니다.

❽ 마켓플러스

쇼핑몰에 등록한 상품을 다양한 마켓에 연동하여 통합관리하는 메뉴입니다. 쿠팡, 네이버 스마트스토어 등 주요 마켓 상품, 주문, 배송, 고객 문의 등을 카페24 마켓플러스에서 관리할 수 있습니다.

❾ 쇼핑몰 설정

쇼핑몰 운영에 필요한 기본적인 내용을 설정하는 메뉴입니다. 쇼핑몰 이름, 도메인, 운영 시간, 고객센터 정보 등을 설정하고, 결제 방식, 배송 방법, 교환/반품 정책, 개인정보 보호 정책 등 세부적인 설정을 할 수 있습니다.

3 › 쇼핑몰 운영을 위한 필수 설정

① 내 쇼핑몰 정보

[내 쇼핑몰 정보] 항목의 [기본 정보 설정]은 쇼핑몰에 필수적으로 입력해 놓아야 하는 정보로, 고객이 궁금해하는 반품 주소 및 연락처 등을 정확하게 입력해야 합니다. 계좌번호 설정 및 보안에 관련된 내용은 휴대폰 및 이메일 인증을 받아야 진행할 수 있습니다. 관리자의 메일 주소는 쇼핑몰을 운영하는 과정에서 수시로 인증을 받는 절차를 거치게 되므로 자주 이용하는 메일 주소를 사용할 것을 권장합니다.

① 상호 및 대표자 성명

② 영업소 소재지 주소

③ 전화번호 및 이메일 주소

④ 사업자등록번호

⑤ 쇼핑몰 이용 약관(메인 페이지에서 연결 페이지로 볼 수 있도록 해야 합니다.)

⑥ 통신 판매업 신고 번호 및 교부 기관

⑦ 개인 정보 보호 책임자(쇼핑몰의 개인 정보 보호 책임자의 실명과 연락처, 이메일)

홈 | 회사소개 | 이용약관 | **개인정보취급방침** | 이용안내

법인명(상호) : 드림프랜드　　대표자(성명) : 홍길동　　사업자 등록번호 안내 : [118-81-20586]　　통신판매업 신고 등작 제 02-680-078호
[사업자정보확인]
전화 : 1588-3284　　팩스 :　　주소 : 151-830 서울특별시 관악구 보라매로 5 15
개인정보관리책임자 : 홍길동(ceo@dreamfriend.cafe24.com)
Contact **jinfield@naver.com** for more information.

[쇼핑몰 정보가 입력된 모습]

❷ 도메인 설정

처음 쇼핑몰 호스팅에 가입하면 카페24에서 제공하는 무료 도메인을 받게 됩니다. 무료 도메인은 카페24에서 생성되는 2차 도메인에 해당하며 가입한 ID로 자동 생성됩니다. 무료 도메인이라 비용은 들지 않지만, 단점으로는 사용자가 기억하기 어려우며 쇼핑몰에 대한 신뢰를 주기 어렵다는 점이 있습니다. 오픈하려고 하는 쇼핑몰에 맞는 이름을 찾아서 도메인을 등록하고 등록한 도메인을 쇼핑몰에 연결하여 사용하는 것을 권장합니다.

쇼핑몰 설정 항목에서 [기본 설정] 메뉴를 클릭하고 [도메인 설정] 항목을 클릭하면 도메인 구매 및 연결 관리 화면이 나옵니다. 도메인이 없는 경우 [신규 도메인] 부분에서 [구매하기] 버튼을 클릭하여 진행하고, 보유한 도메인이 있는 경우 [보유 도메인] 부분에서 [연결하기] 버튼을 클릭하여 보유한 도메인을 등록합니다.

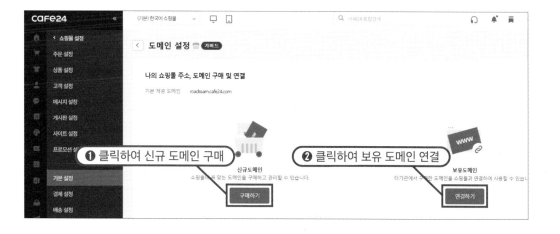

❶ 신규 도메인

쇼핑몰 운영자가 운영하려고 하는 쇼핑몰에 맞게 도메인을 구매하고 연결하려고 할 때 [신규 도메인 구매하기] 화면에서 진행합니다.

❷ 보유 도메인

　기존에 구매한 도메인이 있는 경우 [보유 도메인 연결하기] 화면에서 기존에 구매한 도메인을 연결하여 사용할 수 있습니다.

　도메인을 정할 때는 고객들이 기억하기 쉽고 부르기 좋은 주소와 창업하려고 하는 아이템을 부각할 수 있는 이름으로 정하는 것이 중요합니다.

• 쉽게 인식시키기 위해 짧으면 좋습니다.
• 쇼핑몰 이름과 도메인은 일치시키는 것이 좋습니다.
• 문자(A~Z), 숫자(0~9), 하이픈(-)의 조합으로만 만들 수 있습니다.
• 길이는 최소 2자에서 최대 63자까지 가능합니다.

체크해 보세요

도메인(domain)은 인터넷 주소를 말합니다. 예를 들어 http://jinsim.co.kr을 진심스토어의 도메인이라고 합니다. 사람의 주민등록번호처럼 유일하게 한 개만 있는 고유의 인터넷 주소입니다.

주의할 점은 회사 이름과 도메인을 정하는 과정에서 다른 사람이 상표 등록을 했는지를 찾아보며 정해야 한다는 점입니다. 이를 간과하면 사업자를 내고 사업을 하다가 같은 상표를 쓰고 있다고 경쟁사에서 내용증명을 보내거나 법적인 문제까지 생길 수 있습니다.

상표 등록 여부를 쉽게 알아보는 방법으로는 특허 정보넷 키프리스(http://www.kipris.or.kr) 홈페이지에 접속하여 상표 항목에서 확인하는 방법이 있습니다.

[키프리스를 통해 원하는 상표가 등록되어 있는지 확인하는 모습]

❸ 부운영자 설정

대표 운영자는 쇼핑몰의 모든 메뉴를 제한 없이 이용할 수 있지만 부운영자는 설정된 특정 메뉴에만 접근이 가능하도록 설정할 수 있습니다. 따라서 쇼핑몰을 여러 사람이 관리할 경우에는 부운영자 서비스를 유용하게 사용할 수 있습니다. 쇼핑몰을 운영할 때 주로 등록하는 부운영자는 디자이너, MD, 마케터, 재무, 배송 등이 있습니다.

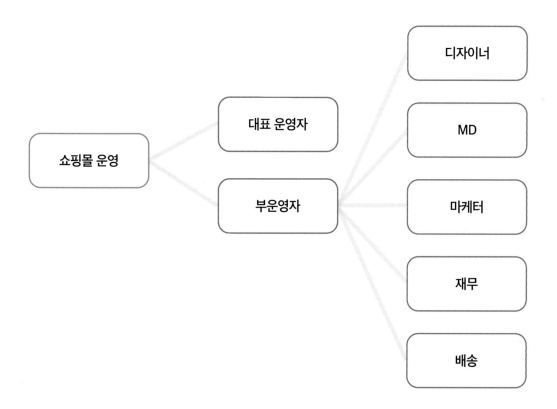

01 쇼핑몰 설정 항목에서 [운영자 설정] 메뉴를 클릭하면 [운영자 계정 관리] 항목에서 부운영자를 설정할 수 있습니다. 운영자 목록 항목에 대표 운영자가 있는 것을 볼 수 있으며, 부운영자를 등록하기 위해서는 [등록] 버튼을 클릭합니다.

Q. 부운영자가 비밀번호를 변경하려면 어떻게 해야 하나요?

A. 부운영자 계정으로 로그인을 진행한 후, [쇼핑몰 설정] → [기본설정]에서 부운영자 로그인 비밀번호를 수정할 수 있습니다. 또는 대표 운영자로 로그인한 후에 [쇼핑몰 설정] → [운영자 설정] → [운영자 관리] → [운영자 계정 관리]에서 [부운영자] 선택 후 임시 비밀번호를 등록하여 수정한 뒤, 부운영자 계정에 임시 비밀번호로 로그인 후 새로운 비밀번호를 재등록하여 이용할 수 있습니다.

02 부운영자로 디자이너를 등록할 경우 [PC어드민 권한 설정] 항목에서 [디자인] 항목만 체크하고 다른 항목의 체크를 모두 해제하면 디자인 메뉴만 관리할 수 있고 다른 항목에는 접근 권한이 없게 됩니다.

PC어드민 권한 설정

멀티쇼핑몰 선택 ❓ 필수	☑ 한국어 쇼핑몰 ☑ 중문몰	☑ 영문몰 ☑ 대만어몰	☑ 일문몰
메뉴 접근 권한 ❓ 필수	☐ 주문 ☐ 메시지 ☐ 프로모션 ☐ 마케팅 ☐ 쇼핑몰 설정	☐ 상품 ☐ 게시판 ☐ 통계 ☐ 판매채널 ☐ 풀필먼트	☐ 고객 ☑ 디자인 ☐ 통합엑셀 ☐ 부가서비스

❶ 체크하여 직책에 따른 권한을 설정할 수 있습니다.

상세권한 설정 ❓	☐ 전체선택

모바일어드민 권한 설정

메뉴 접근 권한 ❓ 필수	☐ 상품관리 ☑ 디자인관리	☐ 주문관리 ☐ 프로모션	☐ 고객관리 ☐ 통계분석	☐ 게시판관리 ☐ 설정
대시보드 열람 권한 ❓	☐ 오늘 매출 현황	☐ 주문현황	☐ 취소/교환/반품/환불현황	

마켓플러스 권한 설정 ❓

메뉴 접근 권한	☑ 대시보드 ☑ 재고 ☑ 통계	☑ 기본 ☑ 주문 ☑ 이력	☑ 상품 ☑ 게시글

03 디자이너 권한이 있는 부운영자가 디자인 메뉴 외에 다른 메뉴를 클릭한 경우 아래와 같이 "접근을 원하시는 페이지의 권한이 없어 이용하실 수 없습니다."라는 페이지로 이동합니다.

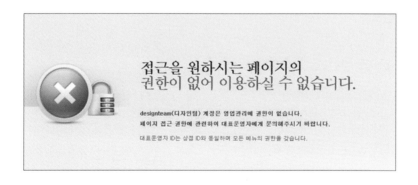

접근을 원하시는 페이지의
권한이 없어 이용하실 수 없습니다.

designteam(디자인팀) 계정은 영업관리에 권한이 없습니다.
페이지 접근 권한에 관련하여 대표운영자에게 문의해주시기 바랍니다.
대표운영자 ID는 상점 ID와 동일하며 모든 메뉴의 권한을 갖습니다.

🔽 쇼핑몰 결제 방식 설정

현재 쇼핑몰에서 결제하는 방법에는 무통장 입금, 카드 결제, 적립금 결제, 실시간 계좌이체, 휴대폰 결제 등이 있습니다. 이 중에서 원하는 결제 방식만 도입하여 사용할 수 있습니다.

쇼핑몰 설정 항목에서 [결제 설정]을 클릭하면 [결제방식 설정] 페이지가 나옵니다. 결제 수단을 결제 페이지에 [표시함] 및 [표시안함]으로 설정하면 됩니다. [표시함]으로 설정하면 결제 페이지에 해당 결제 서비스가 노출되며, [표시안함]으로 설정하면 결제 페이지에 해당 결제 서비스가 노출되지 않습니다.

쇼핑몰에서 결제가 되려면 결제 서비스를 신청해야 합니다.

❶ 통합결제 서비스 신청

통합결제(PG)는 온라인 쇼핑몰에서 고객이 안전하게 상품을 구매할 수 있도록 다양한 결제 수단(카드 결제·계좌이체, 간편 결제, 편의점 결제, 휴대폰 결제)을 제공하는 부가서비스입니다. 쇼핑몰 관리자 메뉴에서 [부가서비스] 메뉴의 [통합결제(PG)] 항목을 클릭하여 설정할 수 있습니다.

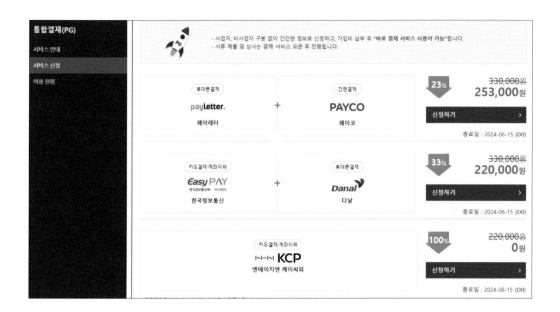

❷ 무통장 계좌 등록

  쇼핑몰 설정 항목에서 [결제 설정] 메뉴를 클릭하고 [무통장 입금 계좌 설정]을 클릭합니다. 무통장 입금 계좌 설정 화면에서 [등록] 버튼을 클릭한 후에 은행명과 계좌번호, 예금주를 입력하고 [저장] 버튼을 클릭하면 계좌번호가 등록됩니다.

　무통장 입금 서비스를 사용하는 경우 자동입금 확인 서비스를 신청하여 사용하는 것을 추천합니다. 입금 내역과 쇼핑몰의 주문 내역을 자동으로 비교해서 입금 완료된 주문 내역을 자동으로 입금 확인 처리하는 서비스입니다.

[자동입금 확인 서비스 프로세스]

<에스크로>

에스크로란 온라인 전자상거래에서 구매자와 판매자 간의 매매행위를 보호하려는 방법으로 온라인 쇼핑몰에서 구매자가 지불한 상품대금을 제3자(은행, PG사, 보험사 등 에스크로 사업자)가 우선 맡아서 보관하고 상품이 정상적으로 배송 완료되었음을 확인한 이후에 판매자의 계좌로 은행에 보관된 대금을 지급하는 제도입니다. 에스크로는 10만 원 이상의 무통장 입금 결제 수단으로 결제되는 현금 결제에 대하여 구매 고객이 결제 수단을 선택하여 이용할 수 있으며 이 제도를 통해 구매자는 상품 구매에서 안전성을 보장받고 판매자는 쇼핑몰 운영의 신뢰성을 확보할 수 있습니다.

<에스크로 서비스 쇼핑몰 구매 절차 안내>

에스크로는 1개의 주문당 가상계좌가 별도로 부여되며 운영자가 수동으로 입금확인할 수 없습니다. (입금확인은 자동)
• 입금확인 후 4일 이내 배송: 배송 완료 후 3일 이내에 자동 구매확인 처리 이후 정산
• 입금확인 후 4일 이후 배송: 배송 완료 후 해당 고객이 쇼핑몰 로그인 → 주문내역 조회에서 반드시 [구매확인] 해야만 정산

에스크로 사용 시 주문 취소 및 환불 요청은 반드시 해당 회원이 쇼핑몰에 로그인 후 → 주문내역 조회 → 환불 요청에서 먼저 취소 요청해야 합니다. 환불 요청을 하면 물건 반품 확인 후 쇼핑몰 관리자가 주문서 상세 팝업에서 [에스크로 환불 승인]을 눌러야 익일~2일 내에 환불이 완료됩니다.

<판매대금 정산>

고객 결제 후 기본 배송기간 4일 + 상품 확인 기간 3일(7일 이내 판매자의 실계좌로 대금 지급)

<신청 절차 흐름도>

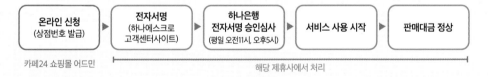

| 온라인 신청
(상점번호 발급) | 전자서명
(하나에스크로
고객센터사이트) | 하나은행
전자서명 승인심사
(평일 오전11시, 오후5시) | 서비스 사용 시작 | 판매대금 정상 |

카페24 쇼핑몰 어드민   해당 제휴사에서 처리

⑤ 적립금 설정

적립금은 어쩌면 구매자가 가장 관심을 두는 항목일지도 모릅니다. 쇼핑몰 운영자를 많이 만나면서 성공 사례 이야기를 나눌 때마다 빠지지 않는 항목 중에 하나입니다. 시즌별, 상황별 적립금을 어떻게 주느냐에 따라 매출이 달라졌다는 이야기는 거의 매일 듣는 이야기 중의 하나입니다. 적립금 설정은 [쇼핑몰 설정] 항목-[고객 설정] 메뉴의 [적립금 설정] 페이지에서 설정할 수 있습니다.

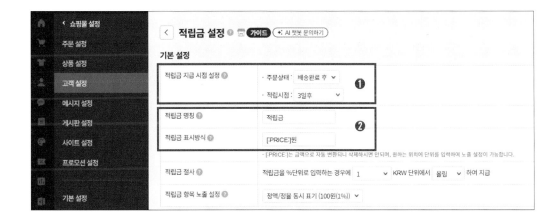

❶ 적립금 지급 시점을 정합니다. 익일, 3일 후, 7일 후, 14일 후, 20일 후 중에 선택할 수 있으며 고객이 상품을 구입한 뒤에 적립금을 지급받고 반품하는 경우 등 여러 상황이 있을 수 있어서 적립금은 익일보다 3일~ 7일 사이에 지급하는 편입니다.

❷ 적립금 명칭과 적립금 표시방식을 선택합니다. 적립금 명칭은 쇼핑몰에서 상품 가격 밑에 노출되는 문구입니다. 일반적으로는 적립금이라고 쓰며 쇼핑몰 운영자가 나름대로 재미있게 표현하는 경우도 있습니다.

❸ 적립금 항목에서 가장 중요한 부분이라고 할 수 있는 항목입니다. 적립금의 기준이 되는 상품 구매 금액으로 판매가, 판매가±품목추가금액, 상품할인가, 총할인가의 네 가지 중에 선택하여 적용할 수 있습니다. 원하는 적립 기준을 선택합니다.

❹ 상품구매 시 적립금 지급 비율 설정 항목입니다. 크게 두 가지로 나누어집니다. 첫 번째는 결제 방식과 상관없이 일괄적으로 같은 금액의 적립금을 지급하는 방식이 있습니다. 두 번째로는 결제 방식에 따른 적립금 지급 비율을 설정하는 방식입니다. 예를 들면, 첫 번째 방식을 선택하고 적립금 지급 비율을 3%로 설정하면, 10,000원짜리 물건을 구매하는 경우 300원이 적립됩니다.

<상품구매금액 기준 설정 설명>
① 판매가: 상품의 기본 판매가를 기준으로 동일하게 적용합니다.
② 판매가 ± 품목추가금액: 옵션 품목에 따라 상품 가격이 달라지는 경우, 품목별 금액을 기준으로 합니다.
③ 상품할인가: (판매가 ± 품목추가금액)에서 상품할인을 제외한 금액을 기준으로 합니다.
단, 회원등급할인, 쿠폰할인은 상품할인금액에 포함되지 않습니다.
④ 총할인가: (판매가 ± 품목추가금액)에서 상품할인, 회원등급할인, 쿠폰할인을 제외한 금액을 기준으로 합니다.

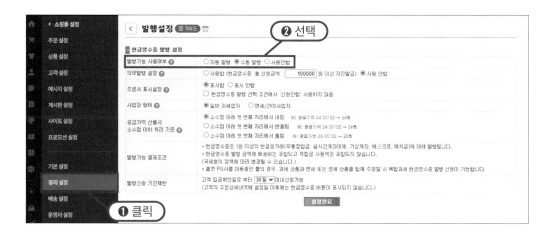

❺ 회원가입 적립금 설정 항목이 있습니다. 회원가입 시에 지급되는 적립금으로 일반적으로 3,000원 정도를 지급하고 있습니다.

❻ 회원가입 시 수신동의 적립금 설정은 회원가입 시 이메일/SMS 수신을 동의한 회원에게 지급되는 적립금입니다. 지급 대상자를 모두 체크한 경우, 즉 양쪽 모두 수신동의하는 경우에만 적립금이 지급됩니다. 적립금을 받은 후 회원정보를 수정하는 악용 사례를 방지하기 위해 수신동의 변경 제한 설정을 권장합니다.

❻ 현금영수증 자동 발행 설정

고객이 무통장 계좌입금으로 상품을 구매한 후에 현금영수증을 요청했을 때 자동으로 발행되게 설정할 수 있습니다. 현금영수증 발행 설정은 사용하는 PG(카드결제) 업체에서 현금영수증 서비스를 신청하면 자동으로 설정됩니다. 현금영수증이 발급된 주문이 취소되면 발급된 현금영수증은 자동 취소됩니다. [쇼핑몰 설정] 항목의 [결제 설정]에 들어가 [현금영수증 발행 설정] 항목에서 설정할 수 있습니다.

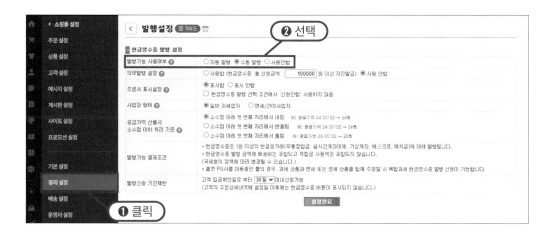

발행기능 사용여부 항목에서 [자동 발행]을 선택한 경우 입금 완료 시 자동으로 발행됩니다. 취소/반품/주문상품추가/철회 시, 신청 또는 발행 상태의 현금영수증이 있으면 자동 취소되며, 최종주문 기준으로 자동 재발행됩니다. 자동 발행으로 설정을 하더라도 고객이 현금영수증을 신청한 경우에만 발행됩니다.

[수동 발행]을 선택한 경우 운영자가 주문별로 직접 발행해야 하며, 취소/반품 시에도 직접 수정해야 합니다. 현금영수증 신청 이후 반품/환불이 발생할 수 있으니 확인하여 발행 또는 취소하시길 바랍니다.

현금영수증 제도란?

소득공제나 세액공제의 혜택을 주는 제도로써 2005년부터 국세청에서 시행하고 있습니다.
건당 1원 이상 무통장입금(현금)결제에 대해 영수증 발급이 가능합니다.
현금영수증 관련 거래내역은 익일에 국세청홈페이지 http://현금영수증.kr에서 확인할 수 있습니다.

1. 현금영수증 제도의 혜택
- 국세청은 소비자의 현금구매내역을 자동전산 취합하여 연말정산시 법이 정한 소득공제 혜택을 부여합니다.
- 현금영수증 가맹점(판매자)은 현금영수증 발행 금액의 1%를 부가가치에서 연간 500만원 한도로 세액공제를 받습니다. (법인은 세액공제 대상이 아님)

2. 쇼핑몰운영자의 현금영수증 서비스 신청 및 발행설정 관련 안내
- 현금영수증은 카드결제사(PG사) 신청시 자동으로 신청되며 KSNET을 제외한 전 PG사가 현금영수증 사용이 가능합니다. (KSNET 현금영수증도 곧 제공될 예정입니다.)
- 현금영수증을 제공하는 PG사를 사용하는 경우에는 동일한 PG사의 현금영수증 사용을 권장합니다.
- 이중발행의 소지가 있으므로, 반드시 [카페24 쇼핑몰 어드민]의 현금영수증 관리 메뉴에서만 발행/취소하셔야합니다.
- 현금영수증 발행을 중지하시려면 [발행설정] 메뉴에서 "사용안함"으로 설정해주세요.

3. 소비자의 현금영수증 발행방법
쇼핑몰은 온라인 주문 후 현금입금(계좌이체,무통장입금)을 완료 후에 쇼핑몰운영자가 입금확인을 완료한 주문건에 한하여 현금영수증을 신청할 수 있습니다.

1) 현금영수증 신청 및 발행방법
- 수동발행 설정일 경우 – 쇼핑몰 회원 : 쇼핑몰 로그인 > 마이페이지 > 주문상세내역 > "현금영수증신청"버튼을 클릭
  쇼핑몰 운영자 : 주문관리(주문/배송) > 현금영수증 관리 > 발행내역 관리 > 수동 발행처리
- 자동발행 설정일 경우 – 쇼핑몰 회원 : 쇼핑몰 로그인 > 마이페이지 > 주문상세내역 > "현금영수증신청"버튼을 클릭 > 자동발행완료
  또는, 운영자가 직접 신청하여 발행할 경우 [쇼핑몰 어드민 > 주문서 상세팝업 페이지]에서 발행 가능

2) 현금영수증 발행 설정 방법
- 쇼핑몰 어드민 > 상점관리 > 결제관리 > 현금영수증관리 > 발행 설정

4. 소비자의 현금영수증 발행취소관련 유의사항
- 현금영수증이 발급된 주문이 취소되면 발급된 현금영수증은 자동취소 됩니다.
- 이미 발행된 현금영수증 취소시 발행 요청한 회원에게 문자 발송될 수 있습니다. (국세청에서 취소 문자 전송)

5. 현금영수증 발급 불가 업태(업종) 안내
- 신차판매, 중고차 판매, 가스제조업 및 공급, 가스집단 공급, 수도사업, 렌터카, 유무선 통신사업, 부가통신업, 기타전기통신업, 유선 및 위성방송, 보험, 상품권 매매, 수업료, 입학금, 각종 세금(국세, 지방세), 각종 공과금, 전기료, 수도료, 가스료, 전화료, 아파트 관리비, 텔레비전 시청료, 고속도로 통행료, 승용차(신차) 구입비 등

[카페24 현금영수증 제도 설명]

유튜브 쇼핑 이해

온라인 사업 이해

시스템 구축

상품 관리

운영 관리

유튜브 알기

지속적 운영

① 배송비 설정 및 배송업체 관리

01 배송비 설정: 배송 및 반품 정책은 쇼핑몰의 이미지와 신뢰도에 직결되는 부분이기 때문에 신중하게 접근해야 합니다. 배송 방법은 물론 배송료의 경우 판매 상품, 동종 업계 현황 등을 충분히 고려해서 선택하는 것이 좋습니다. 설정한 배송 정책은 쇼핑몰의 모든 상품에 적용됩니다.

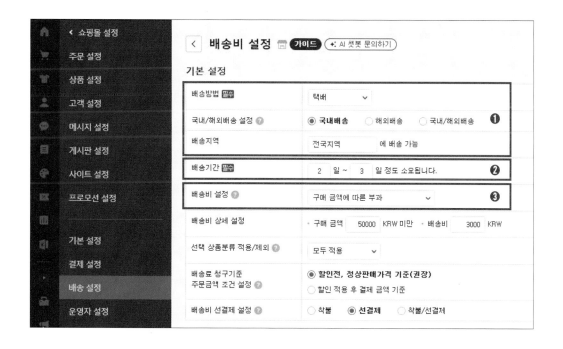

❶ 배송방법은 택배, 등기, 직접배송 등 판매 상품을 고려해서 가장 적합한 방법을 선택합니다. 판매 지역에 따라 국내배송 또는 해외배송을 선택하고, 국내 배송지역은 전국지역으로 등록합니다.

❷ 배송기간은 직접 재고를 갖고 판매하는 제품의 경우는 1일~2일로 설정하고 위탁으로 판매하는 경우는 안전하게 2일~3일로 설정하는 편입니다. 배송처리를 하며 나에게 맞는 배송기간으로 변경해도 됩니다.

❸ 제일 중요하다고도 볼 수 있는 배송비 설정에는 일곱 가지가 있습니다.

- **배송비 무료:** 배송비가 0원으로 부과됩니다.
- **고정배송비 사용:** 구매 금액과 상관없이 설정된 배송비가 부과됩니다.
- **구매 금액에 따른 부과:** 구매 금액이 기준금액 미만이면 설정된 배송비가 부과되며, 기준금액 이상이면 배송비가 무료입니다.
- **구매 금액별 차등 배송료 사용:** 구매 금액 구간에 따라 설정된 배송비가 부과되며, 최대 기준금액 이상이면 배송비가 무료입니다.
- **상품 무게별 차등 배송료 사용:** 구매 상품 무게 구간에 따라 설정된 배송비가 부과되며, 최대 무게 이상이면 배송비가 무료입니다. 네이버쇼핑은 상품 무게별 차등 배송료 설정이 적용되지 않습니다.
- **상품 수량별 차등 배송료 사용:** 구매상품 수량 구간에 따라 설정된 배송비가 부과되며, 최대 수량 이상이면 배송비가 무료입니다.
- **상품 수량에 비례하여 배송료 부과:** 구매 금액과는 상관없이, 설정된 배송비가 구매상품 수량의 배수로 부과됩니다.

예시) 1개 주문하면 2,500원이 부과되고 2개 주문하면 5,000원이 부과됩니다.

02 **택배업체 등록:** 쇼핑몰에서 이용하고 있는 여러 택배업체를 등록해서 손쉽게 관리할 수 있습니다. 이 기능으로 고객이 주문한 상품을 배송할 때 등록된 택배업체를 선택하고 운송장번호를 입력할 수 있습니다.

[배송업체 추가] 버튼을 누르면 배송업체 정보를 입력할 수 있는 화면이 나옵니다. 해당 화면에서 택배업체를 선택하고 기본 정보와 배송비를 입력하면 등록이 됩니다. 배송업체 목록에서 등록한 택배업체 가운데 한 곳을 기본 배송업체로 설정하기 위해선 원하는 배송업체를 선택하고 [기본설정] 버튼을 클릭하면 기본 배송업체로 등록이 됩니다.

⑧ 지역별 배송비 설정

기본 배송지역 외에 특정지역(산간, 섬 등)에 배송비가 추가로 들어가는 경우에는 지역별 배송비를 설정합니다. 이는 배송비를 다르게 해야 하는 지역을 정확히 알고 있는 경우에만 지정합니다. 부정확한 경우에는 쇼핑몰 이용안내 등에 특정지역의 배송비 추가 안내 문구만 등록합니다.

01 지역별 배송비 사용 유무를 [사용함]으로 설정합니다.

02 지역별 배송비 목록에서 [등록] 버튼을 클릭하여 설정 지역과 추가 배송료를 입력하고 등록하면 위와 같이 목록에 나타납니다. 예를 들어 특수지역을 제주도로 하고 우편번호 찾기에서 시/군/구를 검색해서 추가 배송료를 적용할 해당 지역의 우편번호를 설정하면 됩니다.

❾ 쇼핑몰 이용 약관 설정

쇼핑몰 이용 약관, 개인정보보호정책, 회원가입 및 주문안내 등 쇼핑몰 이용약관은 법률상 고지 의무사항입니다. 쇼핑몰 관리자 페이지에서는 각 항목에 맞는 표준 약관과 기본 양식을 제공하고 있으며, 이를 활용해 내 쇼핑몰에 맞는 운영정책을 마련할 수 있습니다.

01 쇼핑몰 이용 약관 등 작성하고자 하는 항목을 선택하면 아래 내용란의 내용이 변경됩니다.

02 상단에서 선택한 각 항목에 맞는 표준 약관 등의 예시와 수정, 보완할 수 있는 에디터가 제공됩니다. 작성 안내에 따라 내 쇼핑몰에 맞는 내용으로 수정, 보완하거나 파일을 추가합니다.

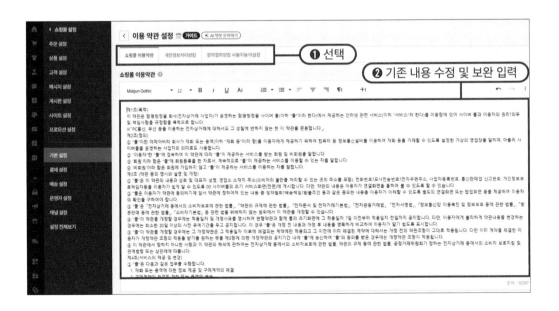

🔟 기타이용 안내 설정

기타이용 안내 화면에서는 쇼핑몰을 운영하는 데 있어서 고객이 궁금해하는 내용들을 입력할 수 있습니다. 회원가입 안내, 주문 안내, 결제 안내, 배송 안내, 교환 안내, 환불 안내, 적립금 및 포인트 안내 내용을 사이트 운영 정책에 맞게 입력하고 저장하면 각 인내 문구는 쇼핑몰 푸터(Footer) 영역의 이용 안내에 순서대로 구성되어 나타납니다.

 **체크해 보세요**

쇼핑몰 운영을 위해 입력한 내용은 쇼핑몰 하단을 통해 확인해 볼 수 있습니다. 쇼핑몰 하단을 보면 회사소개, 이용약관, 쇼핑몰이용안내, 개인정보처리방침 메뉴가 있습니다. 해당 메뉴를 클릭하여 확인해 보면 앞에서 설정한 정보들이 나오는 것을 볼 수 있습니다.

회사소개	이용약관	쇼핑몰이용안내	개인정보처리방침

NEWS　　　마이페이지
REVIEW　　장바구니(0)
Q&A　　　관심상품(0)
EVENT　　주문조회
MEDIA　　쿠폰내역
　　　　　적립금내역

유튜브 연동을 위한 쇼핑몰 디자인

유튜브 연동을 위한 쇼핑몰 디자인에서는 유튜브에서 어떤 콘텐츠를 다루고 있는지가 중요합니다. 유튜브 콘텐츠가 패션을 다루며 시각적 매력과 스타일링 팁을 제공하고 있다면 패션 카테고리의 쇼핑몰을 만들어서 운영하면 되고, 음식에 대한 간편 레시피와 맛의 매력을 어필하고 있다면 푸드 카테고리, 전자 제품의 제품 기능 소개와 사용 후기, 비교 리뷰를 다루고 있다면 생활용품 및 가전제품 카테고리 쇼핑몰을 디자인하여 운영하면 됩니다. 교육 과정에서 제일 고민이 되는 경우는 일상을 다루는 유튜브를 하고 싶거나 하고 있는 경우, 어떤 쇼핑몰을 운영하면 좋을지에 대한 문의가 있을 때입니다. 명확한 카테고리를 찾고 있지 못해서 고민스러울 때는 다음의 몇 가지 방법을 통해 찾는 연습을 하는 것을 추천합니다.

① 틈새 시장에 초점을 맞춘 쇼핑몰

대중적인 제품을 판매하는 대신, 특정 관심사나 취미를 가진 시청자를 타겟팅하는 틈새 새장에 초점을 맞춘 쇼핑몰을 만드는 것이 좋습니다. 특정 타겟 고객층의 니즈를 더 잘 충적시키고 차별화된 경쟁 우위를 확보할 수 있습니다. 예를 들어 미니멀리즘 라이프 스타일에 관심 있는 시청자를 위한 쇼핑몰을 만들거나, 야외 활동을 좋아하는 시청자를 위한 쇼핑몰을 만들수 있습니다.

② 일상 콘텐츠를 일상에서 접하게 되는 제품과 연동하는 쇼핑몰

유튜브 영상에서 소개하는 제품을 직접 판매하는 쇼핑몰을 만드는 것도 좋은 방법입니다. 시청자들은 영상을 보면서 제품에 대해 배우고, 구매 링크를 통해 쉽게 구매할 수 있습니다. 이렇게 하면 시청자 참여를 유도하고, 영상 콘텐츠의 수익성을 높일 수 있습니다. 지금까지의 콘텐츠가 넓은 의미의 일상이었다면 일상 속에서 만나는 제품의 방향으로 콘텐츠를 제작하여 판매량을 늘릴 수 있습니다.

❸ 경험을 제공하는 쇼핑몰

단순히 제품을 판매하는 대신, 고객에게 특별한 경험을 제공하는 쇼핑몰을 만드는 것도 좋습니다. 예를 들어 DIY 키트를 판매하거나, 고객이 직접 제품을 만들어 볼 수 있는 체험 공간을 마련할 수 있습니다. 이렇게 하면 고객 참여를 높이고, 쇼핑몰에 대한 브랜드 충성도를 높일 수 있습니다.

❹ 이슈와 연관된 쇼핑몰

환경 친화적이고 윤리적인 제품을 판매하는 쇼핑몰을 만드는 것도 좋은 트렌드입니다. 지속 가능한 제품에 대한 관심이 높아지고 있기 때문에, 차별화된 경쟁 우위를 확보할 수 있는 좋은 기회가 될 수 있습니다.

앞에서 살펴본 것과 같이 쇼핑몰 디자인에 앞서서 유튜브 콘텐츠의 방향과 맞는 쇼핑몰인지 다시 한번 진단을 해 보고 쇼핑몰 디자인을 시작합니다.

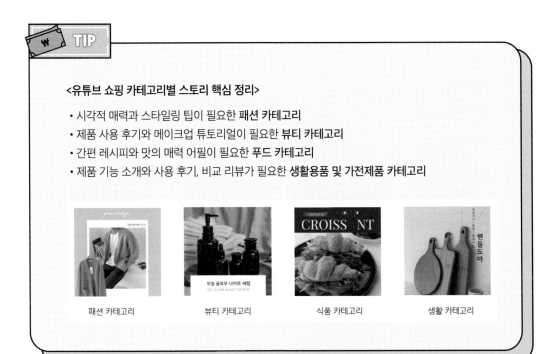

TIP

<유튜브 쇼핑 카테고리별 스토리 핵심 정리>
- 시각적 매력과 스타일링 팁이 필요한 **패션 카테고리**
- 제품 사용 후기와 메이크업 튜토리얼이 필요한 **뷰티 카테고리**
- 간편 레시피와 맛의 매력 어필이 필요한 **푸드 카테고리**
- 제품 기능 소개와 사용 후기, 비교 리뷰가 필요한 **생활용품 및 가전제품 카테고리**

패션 카테고리   뷰티 카테고리   식품 카테고리   생활 카테고리

1 ▶ 쇼핑몰 디자인 이해

쇼핑몰 디자인을 위해서는 유튜브 콘텐츠 및 아이템 선정이 최우선으로 되어 있어야 합니다. 쇼핑몰 디자인은 고객에게 매력적인 경험을 제공하고, 브랜드 이미지를 구축하며, 매출을 증대시키는 데 중요한 역할을 합니다. 아래 6단계는 성공적인 쇼핑몰 디자인을 위한 단계이며 준비된 내용과 준비되지 않은 내용을 체크하며 진행하기를 바랍니다.

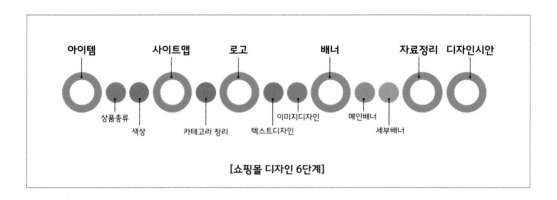

[쇼핑몰 디자인 6단계]

❶ 아이템 분석

선정한 아이템의 종류, 상품의 색상, 사용 고객 등을 분석하여 아이템에 맞는 사이트 전체 테마를 정합니다.

❷ 사이트맵 만들기

고객들이 쇼핑몰을 쉽게 탐색하고 원하는 상품을 빠르게 찾을 수 있도록 사용자 친화적인 사이트맵을 구성합니다. 카테고리, 서브 카테고리, 상품 페이지 등의 계층적 구조를 명확하게 정립하고, 고객들이 쇼핑몰에서 어떤 경험을 할 것인지 고려하여, 자연스럽게 상품 페이지로 이동할 수 있는 경로를 설계합니다.

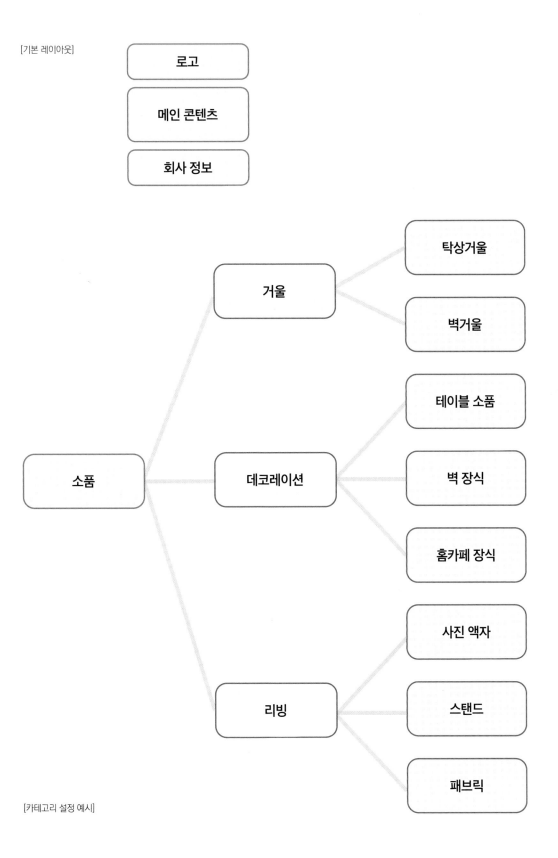

[기본 레이아웃]

로고

메인 콘텐츠

회사 정보

소품

거울

탁상거울

벽거울

데코레이션

테이블 소품

벽 장식

홈카페 장식

리빙

사진 액자

스탠드

패브릭

[카테고리 설정 예시]

유튜브 쇼핑 이해

온라인 사업 이해

시스템 구축

상품 관리

운영 관리

유튜브 광고

지속적 운영

❸ 로고 등록

쇼핑몰의 로고는 브랜드 이미지를 잘 나타낼 수 있도록 디자인해야 합니다. 간결하고 기억하기 쉬워야 하며, 다양한 크기의 디바이스에서 잘 보일 수 있어야 합니다. 그리고 로고 디자인이 다른 상표권을 침해하지 않는지 확인해야 합니다.

❹ 배너 제작 및 등록

고객의 시선을 사로잡을 수 있도록 시각적으로 매력적인 배너를 제작해야 합니다. 쇼핑몰의 주요 메시지나 프로모션 정보를 명확하게 전달해야 하며, 배너는 적절한 크기와 위치에 배치하여 고객의 시선을 방해하지 않도록 합니다.

❺ 자료 정리

쇼핑몰 디자인을 위한 자료를 정리합니다. 고품질의 상품 이미지 및 상품 상세 설명, 로고, 배너 디자인, 유튜브 소개 영상 링크, 배송 정책 등 쇼핑몰 디자인에 필요한 모든 요소를 자료로 정리합니다.

❻ 디자인 시안

쇼핑몰 전체 디자인은 브랜드 이미지를 일관되게 반영해야 합니다. 읽기 쉬운 색상과 폰트를 사용해야 하며, 고객들이 쉽게 탐색하고 원하는 정보를 빨리 찾을 수 있도록 레이아웃을 구성해야 합니다.

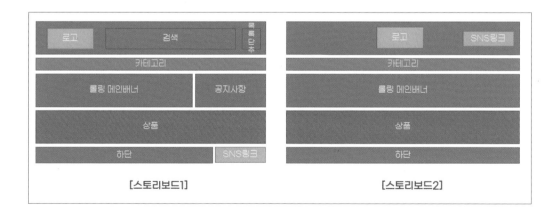

[스토리보드1]　　　　　　　　　　[스토리보드2]

유튜브 쇼핑 이해

온라인 사업 이해

시스템 구축

상품 관리

운영 관리

유튜브 광고

지속적 운영

2 › 디자인 관리 항목 알아보기

쇼핑몰 관리자 페이지의 디자인 관리 항목은 쇼핑몰의 디자인을 생성, 관리, 유지보수하는데 필요한 모든 기능을 제공합니다. 쇼핑몰 디자인은 고객 유치와 매출 향상을 위해서 목표 고객에 맞는 사이트 콘셉트를 유지하는 것이 효과적입니다. 고객이 쇼핑몰에서 원하는 상품을 편리하게 찾을 수 있고, 취급하는 상품들을 제대로 표현할 수 있는 공간으로 꾸며야 합니다.

❶ 디자인 대시보드

현재 쇼핑몰에 적용되고 있는 디자인과 다른 쇼핑몰에서 사용하는 인기 급상승 디자인을 볼 수 있습니다. 현재 쇼핑몰에 적용되고 있는 PC 대표 디자인, 모바일 대표 디자인을 분리하여 볼 수 있으며 다른 디자인을 보관하고 있는 보관함으로 바로 이동하여 디자인 변경을 할 수 있습니다. 실시간 인기 급상승하는 디자인을 벤치마킹하여 나의 쇼핑몰을 업그레이드할 수도 있습니다.

[디자인 대시보드]

유튜브 쇼핑 이해

온라인 사업 이해

시스템 구축

상품 관리

운영 관리

유튜브 광고

지속적 운영

❷ 디자인 보관함

디자인 보관함은 PC와 모바일 탭으로 구분되어 있으며, 대표 디자인 설정, 복사, 상속, 삭제 등 디자인 관련 다양한 기능을 사용할 수 있습니다. 디자인을 편집하고 싶다면 [편집] 버튼을 클릭하여 바로 편집할 수 있습니다. 디자인 보관함에는 최대 30개까지 디자인을 보관할 수 있으며 유료 디자인은 무제한으로 추가 가능합니다.

[디자인 보관함 페이지]

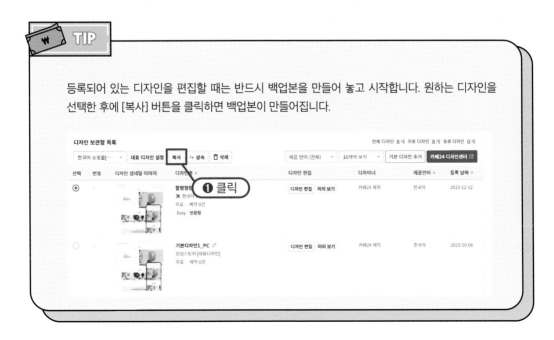

TIP

등록되어 있는 디자인을 편집할 때는 반드시 백업본을 만들어 놓고 시작합니다. 원하는 디자인을 선택한 후에 [복사] 버튼을 클릭하면 백업본이 만들어집니다.

❶ 클릭

❸ 디자인 추가

카페24에서 제공하는 무료 디자인을 추가하여 사용하거나, 에이전시가 제작한 무료/유료 디자인을 추가하여 쇼핑몰을 만들 수 있습니다. 원하는 기능을 포함하고 있는지 확인하고, 디자인을 추가하거나 구매할 수 있습니다.

[디자인 추가 페이지]

해외 판매를 고려하고 있을 경우, '글로벌'로 검색 후 상세 검색의 패키지 항목에서 패키지 디자인을 선택하면 글로벌 버전 디자인이 나오는 것을 볼 수 있습니다. 원하는 언어가 포함된 디자인을 선택하면 해당 언어로도 쇼핑몰이 완성됩니다.

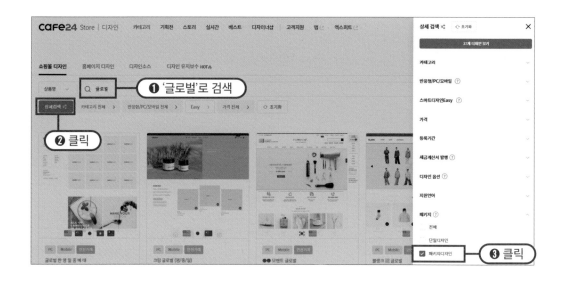

❹ 디자인 유지보수

쇼핑몰 디자인에 필요한 모든 기능에 대해 유지보수를 받을 수 있습니다. 기본적인 배너 디자인부터 최적화, SNS 연동 및 전문적인 html, css, javascript 코드 편집까지 기술 지원을 받으며 쇼핑몰을 디자인하고 운영하는 기능을 제공하는 메뉴입니다. 무료 및 유료 서비스를 제공합니다.

[디자인 유지보수 페이지]

쇼핑몰을 기획하고 제작할 때는 우선 디자인 유지보수 항목에 어떤 것이 있는지 살펴보는 것을 추천합니다. 유지보수 항목을 보며 어떤 것이 필요한지 미리 체크해 보고, 기본 설정을 완료한 후에 내가 할 수 없는 부분을 의뢰하면 오픈 일정을 맞춰서 작업을 완료할 수 있습니다. 항목별로 클릭하며 상세 내용을 확인합니다.

❺ 배너/팝업

배너, 팝업은 사이트에 접속하면 나타나는 작은 창입니다. 쇼핑몰 페이지 어디에든 표시할 수 있으며, 이목을 끌 수 있어 공지부터 각종 홍보, 행사 안내까지 다양한 곳에 사용됩니다. PC와 모바일을 별도로 설정할 수 있습니다.

팝업과 배너는 미리 만들어 놓을 수 있으며, 예약 발행도 가능합니다.

❻ 예약/백업/복구

예약 기능을 활용하면 별도의 디자인 스킨을 특정 시간 또는 회원 등급에 맞게 노출할 수 있으며 이벤트 또는 특별한 일정에 맞춰 쇼핑몰 디자인을 변경할 수 있습니다.

백업 및 복구 기능은 쇼핑몰 디자인 파일을 안전하게 관리할 수 있도록 백업 및 복구를 제공하는 기능으로, 자동 또는 수동으로 디자인 파일을 저장할 수 있습니다. 저장된 디자인 파일을 복구할 수 있으며, 실수나 오류로 발생하는 디자인 파일 손상을 방지하기 위해 사용되고 있습니다.

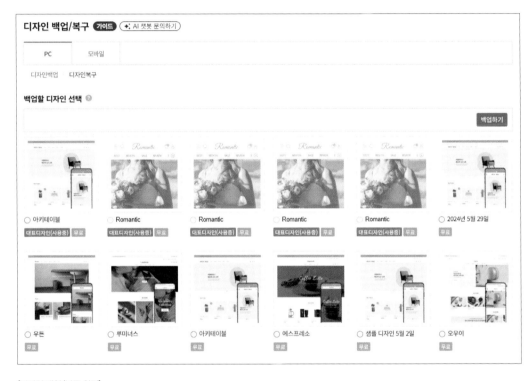

[디자인 백업/복구 화면]

❼ 디자인 FTP

FTP란 File Transfer Protocol의 약자로 파일 전송 서비스를 의미합니다. 쇼핑몰에서 사용되는 디자인 이미지를 서버에 직접 업로드 가능하며, FTP 주소를 복사하여 운영자 이외의 디자인 에이전시도 디자인 업로드 작업이 가능합니다.

[디자인 백업/복구 화면]

Q. FTP에 등록한 이미지를 오픈마켓에서도 사용할 수 있나요?

A. 카페24 FTP에 등록한 이미지는 오픈마켓 이미지 노출 또는 이미지호스팅 플러스를 이용하면 오픈마켓이나 외부 사이트에서도 사용할 수 있습니다.

구분	오픈마켓 이미지 노출	이미지호스팅 플러스
금액	유료	유료
사용 범위	쇼핑몰 + 외부 사이트(오픈마켓 등)	쇼핑몰 + 외부 사이트(오픈마켓 등)
용량	무제한	10GB
트래픽	500GB(추가 가능)	500GB(추가 가능)
사용 이미지	쇼핑몰에 업로드한 이미지 사용	별도 이미지 업로드 후 사용
HTML 파일	외부 사이트 지원함	외부 사이트 지원함
접속통계	제공함	제공함

유튜브 쇼핑 이해

온라인 사업 이해

시스템 구축

상품 관리

운영 관리

유튜브 알기

지속적 운영

❽ 파일업로더

파일업로더는 쇼핑몰에 필요한 이미지와 html/css/js, 웹 폰트 파일을 업로드하여 사용하는 기능입니다. 파일 용량은 1개당 5MB 이하, 1회에 100개, 폴더당 1,000개 파일을 업로드하여 사용할 수 있습니다.

[파일업로더 화면]

파일을 업로드할 때는 드래그 앤 드롭으로 편리하게 할 수 있습니다. 주의할 점은 web 폴더 안에 파일을 업로드해야 쇼핑몰에 적용할 수 있다는 점입니다.

❾ 플러스앱 관리

제작한 쇼핑몰을 모바일 앱으로 변환하여 안드로이드앱, ios앱으로 등록하여 사용하는 기능입니다. 별도로 앱을 제작하지 않아도 되기 때문에 쇼핑몰만 있으면 추가 비용을 들이지 않고 앱으로 출시할 수 있는 서비스입니다.

[플러스앱 서비스 신청 화면]

체크해 보세요

앞에서 살펴 본 기능 외에도 SNS를 연동하여 쇼핑몰 메인에 추가하거나 상세 페이지 디자인을 쉽게 할 수 있는 앱을 제공하고 있습니다. 관리자 페이지에서 [마이 앱] 메뉴를 통해 좋은 기능을 확인하고 앱을 추가하여 사용할 수 있습니다.

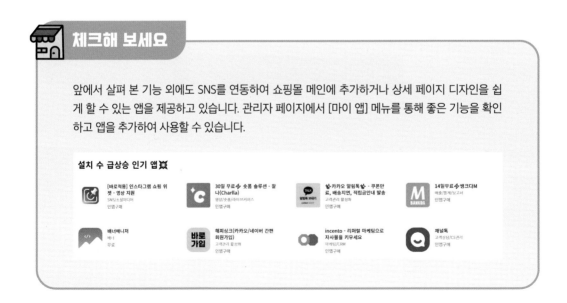

시스템 구축

3 ▶ 쇼핑몰 디자인 추가 및 대표 디자인 설정

쇼핑몰 디자인을 설정해 보겠습니다. 우선 [디자인 추가] 메뉴에서 새로운 디자인을 추가하고 디자인 보관함으로 이동하여 추가된 디자인의 편집 버튼을 클릭하여 항목별로 디자인을 수정합니다.

01 디자인을 추가하기 위해 [디자인 추가] 메뉴를 클릭하고 디자인 추가 옵션에서 [무료] 버튼을 선택합니다. 검색 결과 49개의 무료 디자인이 나오는데 운영하려고 하는 쇼핑몰 카테고리에 맞는 디자인을 선택합니다.
예로 인테리어 소품 쇼핑몰을 만든다고 가정하고, 디자인을 [우든]으로 선택합니다.

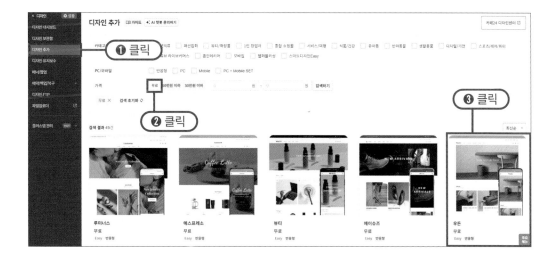

02 디자인 상세보기 화면이 나옵니다. 선택한 디자인을 실제 쇼핑몰 화면처럼 보려면 [샘플 보기]를 클릭하면 됩니다. 샘플 보기를 한 후에 [디자인 추가] 버튼을 클릭하면 선택한 디자인이 추가됩니다.

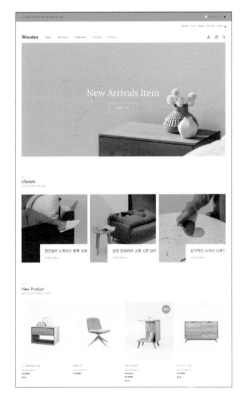

[디자인 샘플 보기 화면]

03 [디자인 추가] 버튼을 클릭하면 아래와 같은 팝업이 나옵니다. 팝업창에서 [확인] 버튼을 클릭하면 디자인 추가가 완료됩니다.

04 디자인 보관함으로 이동하여 확인해 보면 우든 디자인이 추가된 것을 볼 수 있습니다. 추가한 디자인을 쇼핑몰에 적용하기 위해서는 대표 디자인으로 변경해야 합니다. 추가된 우든 디자인을 선택하고 화면에 있는 [대표 디자인 설정] 버튼을 클릭합니다.

대표 디자인 설정에 관한 팝업창이 뜨는데 팝업창에서 적용하기를 클릭하면 대표 디자인으로 설정됩니다.

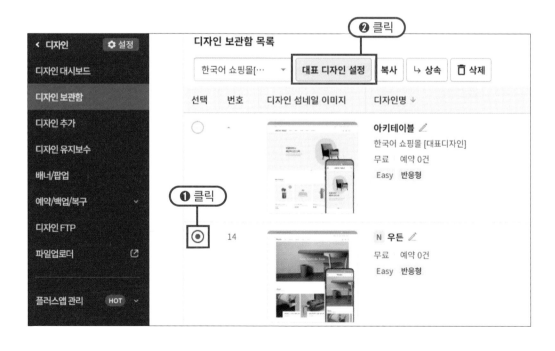

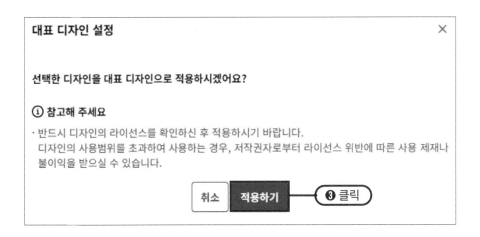

05 대표 디자인으로 설정된 우든 디자인이 쇼핑몰에 잘 적용되었는지를 확인하기 위해 [PC 쇼핑몰 바로가기] 버튼을 클릭하여 확인합니다.

[우든 디자인 적용 모습]

06 디자인 추가 기능을 활용하여 다양한 디자인을 추가하고 추가한 디자인을 대표 디자인
으로 설정해 보며 현재 나의 상품과 가장 잘 어울리는 디자인을 적용하여 운영합니다.

쇼핑몰 디자인 편집을 하기 위해서는 쇼핑몰 구조에 대한 이해가 필요합니다. 온라인 쇼핑몰을 비롯해 모든 웹사이트는 전체적으로 공통된 구조를 갖고 있으며, 크게 머리글, 탐색, 본문, 바닥글의 네 부분으로 나뉘어져 있습니다.

❶ 머리글(Header)

온라인 쇼핑몰의 모든 페이지 맨 위에 표시되는 영역입니다. 보통 로고, 로그인 정보, 검색창, 바로 가기 등이 노출됩니다.

❷ 탐색(Side)

고객이 쇼핑몰을 둘러보는 데 도움이 될 만한 메뉴가 표시되는 영역입니다. 로그인, 마이 쇼핑, 사이드바형 검색창, 상품 분류 메뉴, 기획전, 고객 상담 안내, 게시판 목록, 인기 상품 등이 노출됩니다.

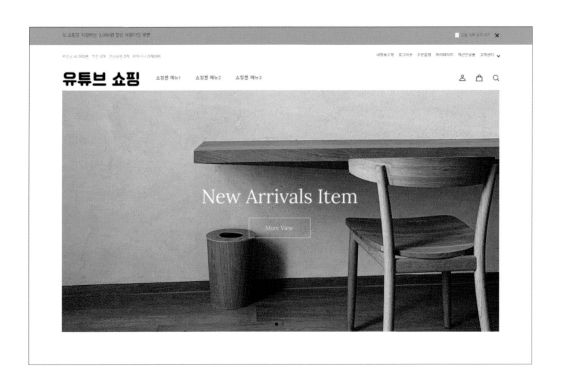

❸ 본문(Body)

머리글과 바닥글 사이의 영역입니다. 머리글, 바닥글과 달리 고정되지 않고, 페이지마다 다른 디자인으로 노출이 됩니다.

본문 부분에는 쇼핑몰의 아이덴티티를 보여 줄 수 있는 고품질의 메인 이미지를 배치하여 시선을 사로잡거나, 계절이나 이벤트에 맞춰 이미지를 변경하여 신선함을 더할 수 있습니다. 영상 배치 또한 효과적인데, 제품 사용법, 룩북, 브랜드 스토리 등을 담은 영상을 통해 고객에게 몰입감을 주고 제품에 대한 이해도를 높일 수 있습니다. 동영상을 추가할 때는 자동 재생 기능을 활용하여 방문자가 바로 볼 수 있도록 합니다.

유튜브 쇼핑 이해

온라인 사업 이해

시스템 구축

상품 관리

운영 관리

유튜브 광고

지속적 운영

❹ 바닥글(Footer)

온라인 쇼핑몰의 모든 페이지 맨 아래에 표시되는 영역입니다. 회사 정보, 이용 안내, 고객센터 안내 등이 노출됩니다.

쇼핑몰 하단에 SNS를 연동하여 추가 콘텐츠를 제공하면 단순히 정보를 공유하는 것을 넘어 고객과의 소통을 강화하고 매출 증대에 기여할 수 있습니다.

관리자 페이지에서 SNS 주소를 입력하면 자동으로 연동됩니다.

유튜브 쇼핑 이해

온라인 사업 이해

시스템 구축

상품 관리

운영 관리

유튜브 광고

지속적 운영

5 ▸ 디자인 편집 방법 익히기

디자인 편집 기능이 직관적으로 되어 있어서 기본적인 사용법만 익히면 쇼핑몰 전체 디자인을 변경하는 방법은 같습니다. 대표적으로 로고, 메인 회면 디자인, 배너 디자인, 영상 링크, 상품 진열 방법, 하단 디자인으로 구분되며, 지금부터 실전으로 디자인 편집 작업을 시작하겠습니다.

❶ 디자인 편집 들어가기

01 디자인을 편집하기 위해 [디자인 보관함] 메뉴에서 대표 디자인으로 지정해 둔 우든 디자인의 [디자인 편집] 버튼을 클릭합니다.

02 디자인 편집창이 나오는 것을 볼 수 있습니다. 디자인 편집창 화면은 2단으로 구성되어 있는데 왼쪽은 편집 메뉴이고 오른쪽은 편집한 내용이 적용되는 미리보기창입니다.

② 띠 배너 편집하기

01 띠 배너를 편집하기 위해 왼쪽 편집 메뉴에서 [띠 배너]를 클릭합니다.

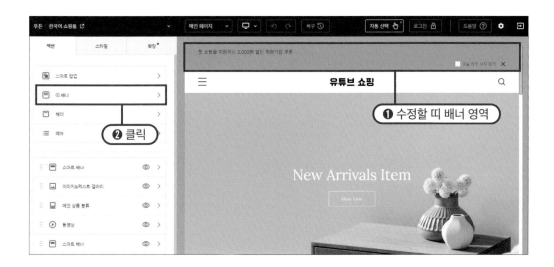

02 띠 배너를 수정할 수 있는 화면이 나옵니다. 항목별로 내용을 입력하면 미리보기창에 바로 적용되는 것을 볼 수 있습니다. 최근에 AI 기능이 많은 곳에 적용되고 있는데, 카페24 쇼핑몰에도 AI 기능이 많이 도입되어 예전보다 편리하게 쇼핑몰을 만들고 운영할 수 있습니다.

❶ **배너 내용:** 띠 배너에 노출되는 내용을 입력하는 창입니다.

❷ **AI 카피라이터:** 배너 내용을 정할 때 AI를 통해 카피를 만들 수 있습니다. 내용 입력창에 기본 내용을 입력하고 [자동 생성]을 클릭하면 AI가 추천 마케팅 문구를 만들어 줍니다. 마음에 드는 문구가 있을 때는 선택하고 [적용하기]를 클릭하면 해당 내용이 쇼핑몰에 적용됩니다.

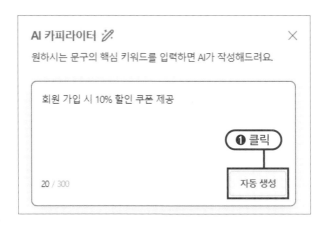

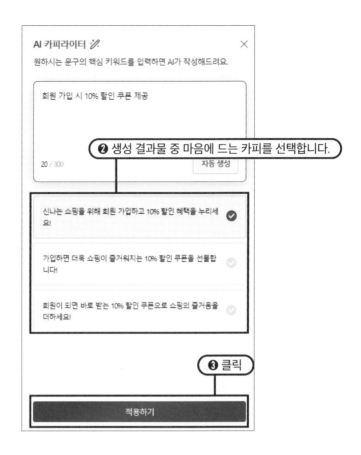

❸ **링크:** 띠 배너를 클릭했을 때 이동하는 페이지 주소를 입력할 수 있습니다. 필수로 작업해야 하는 것은 아니지만 고객 혜택 등 상세한 내용이 있는 페이지로 이동할 수 있게 링크 주소를 추가하는 것은 쇼핑몰 매출을 올리는 데 도움이 됩니다.

[편집] 버튼을 클릭하면 링크 편집창이 나옵니다. 해당 화면에서 원하는 메뉴를 클릭하면 해당 메뉴로 연결이 됩니다.

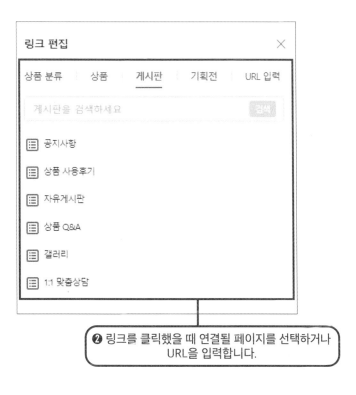

❷ 링크를 클릭했을 때 연결될 페이지를 선택하거나
URL을 입력합니다.

03 띠 배너가 수정된 것을 확인할 수 있습니다. 별도의 저장 버튼은 없으며 [이전 페이지로
이동] 버튼을 클릭하면 편집 메뉴가 있는 화면으로 이동됩니다.

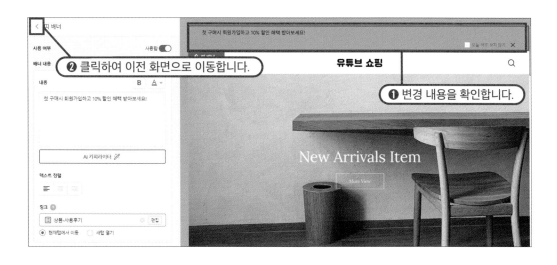

❸ 로고 수정하기

01 이번에는 로고를 수정하기 위해 [헤더] 메뉴를 클릭합니다. [헤더] 메뉴에서는 로고, 메뉴, 언어 선택 등을 변경할 수 있으며, 로고를 수정하기 위해 [로고] 메뉴를 클릭합니다.

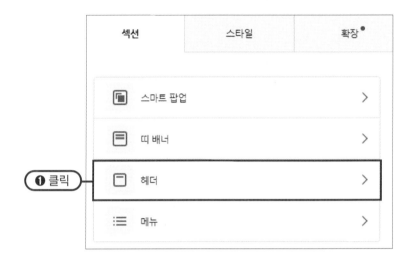

02 로고 이미지를 변경할 수 있는 창이 나옵니다. 로고를 변경하는 방법으로는 간편하게
로고 제작, 직접 변경, 로고 자동 생성 기능을 활용하는 세 가지 방법이 있습니다.

❶ **간편하게 로고 제작:** 로고를 제작할 수 있는 편집툴을 제공합니다. 기본 이미지를 활용하
여 원하는 형태로 로그를 제작하고 적용할 수 있습니다.

❷ **직접 변경:** 미리 제작해 놓은 디자인을 불러와서 적용하는 기능입니다. 직접 변경 메뉴를
클릭한 후에 이미지 열기창에서 로고 이미지를 선택하고 열기 버튼을 클릭하면 쇼핑몰에 적
용됩니다.

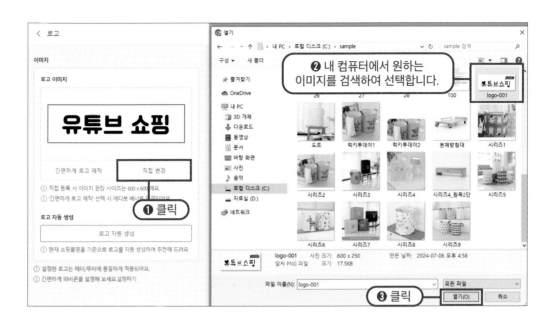

④ 선택한 이미지가 로고가 됩니다.

❸ **로고 자동 생성:** 현재 쇼핑몰 기본 정보에 입력해 놓은 쇼핑몰명을 기준으로 로고를 자동
으로 생성해 주는 기능입니다. 다양한 폰트로 로고를 제작할 수 있습니다. 원하는 폰트를 선
택한 후에 [로고 바로적용] 버튼을 클릭하면 선택한 폰트로 로고가 적용됩니다.

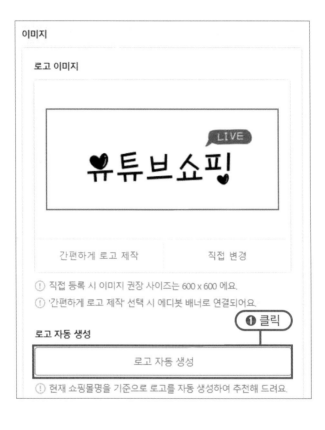

유튜브 쇼핑 이해

온라인 사업 이해

시스템 구축

상품 관리

운영 관리

유튜브 광고

지속적 운영

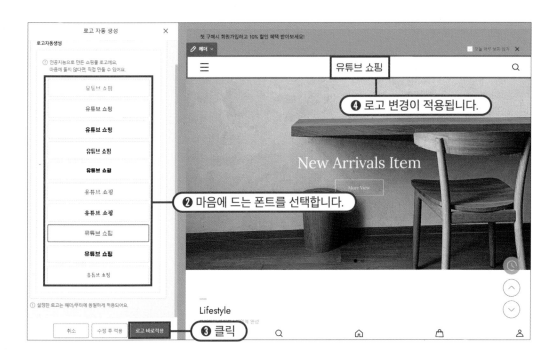

❷ 마음에 드는 폰트를 선택합니다.

❸ 클릭

❹ 로고 변경이 적용됩니다.

다양하게 로고를 만들어서 적용할 수 있으며 원하는 기능을 사용하여 로고 등록을 완료하면 됩니다.

TIP

로고 제작에 어려움을 느끼신다면 다양한 디자인 템플릿을 제공하는 미리캔버스, 캔바, 망고보드와 같은 플랫폼을 활용해 보세요. 간단한 설정만으로도 나만의 개성 넘치는 로고를 만들 수 있습니다. 특히 다양한 유형의 로고 디자인을 참고하여 나에게 맞는 스타일을 찾는 데 도움이 될 것입니다.

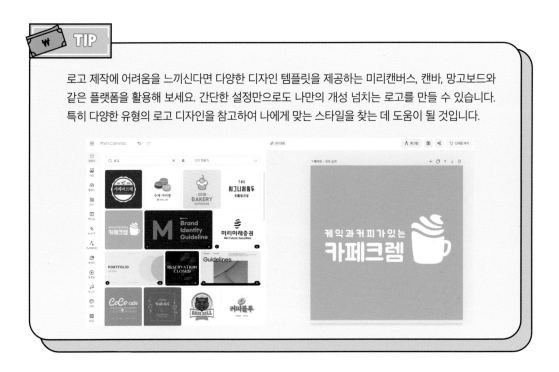

🕐 카페24 쇼핑몰 배너 편집

01 카페24 쇼핑몰 편집 방법도 유사합니다. 앞에서 로고 디자인을 변경한 것처럼 스마트 배너를 변경하기 위해 메뉴 중에서 [스마트 배너]를 클릭하면 해당 배너를 수정할 수 있는 창으로 연결됩니다.

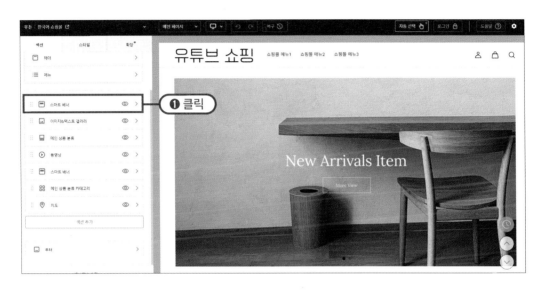

🎫 TIP

쇼핑몰의 첫인상을 좌우하는 메인 롤링 배너는 고객의 구매를 유도하는 데 핵심적인 역할을 합니다. 롤링 배너에는 쇼핑몰의 주력 상품을 홍보하거나 진행 중인 이벤트를 강조하고, 특히 현시점에 느낄 수 있는 내용을 포함하거나 날짜를 표시하여 사이트의 생동감을 더하는 것이 효과적입니다.

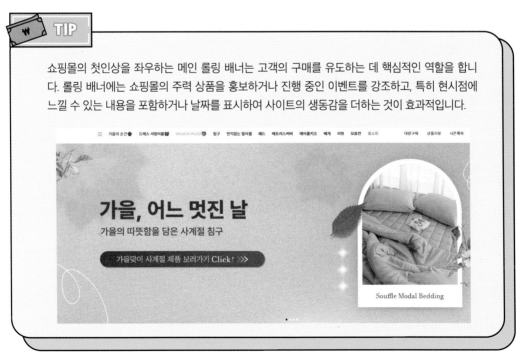

02 스마트 배너 편집창에서 [배너 등록] 버튼을 클릭하여 미리 만들어 놓은 배너를 추가하면 배너 이미지가 변경됩니다.

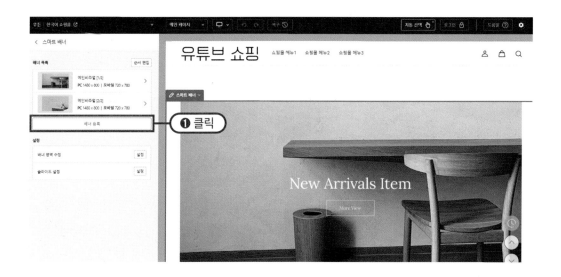

03 쇼핑몰 메인 화면에 동영상을 추가하는 기능이 있습니다. 메뉴에서 [동영상] 메뉴를 클릭하면 동영상의 메인 타이틀과 서브타이틀을 입력할 수 있고 동영상 주소를 동영상 URL 항목에 입력하면 동영상이 바로 적용됩니다. 대부분은 유튜브 영상을 추출하여 적용하고 있습니다.

04 이렇게 항목별로 디자인을 적용한 후에 화면의 오른쪽 상단에 있는 [닫기] 버튼을 클릭하면 디자인이 적용되고 편집창은 닫히게 됩니다. 쇼핑몰에 방문하여 디자인이 원하는 형태로 적용되었는지 확인합니다.

🖐 디자인 백업 및 복구 기능 활용

열심히 만든 디자인이 실수로 지워지거나 특정 위치에 오류가 난다면 곤란한 상황에 처하게 됩니다. 이러한 실수를 방지하기 위해 디자인을 백업해 놓는 것을 추천하며, 카페24에서 자동적으로 이뤄지는 백업 외에도 안전을 위해 중요한 디자인 파일은 반드시 컴퓨터에 추가로 저장하는 것을 권장합니다. 카페24의 자동 백업은 최대 7일까지 보관되므로, 더욱 오랜 기간 보존해야 할 HTML 파일 및 디자인 파일은 직접 관리해야 합니다.

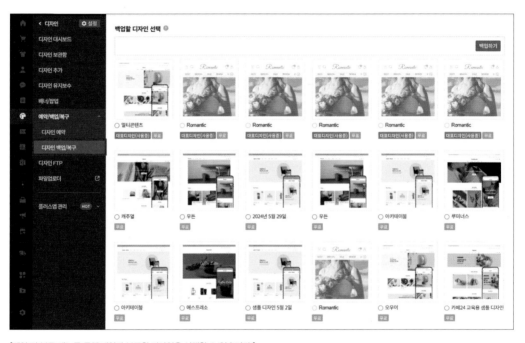

[백업 및 복구 메뉴를 통해 백업과 복구할 디자인을 선택할 수 있습니다.]

유튜브 쇼핑 이해

온라인 사업 이해

시스템 구축

상품 관리

운영 관리

유튜브 광고

지속적 운영

<성공적인 유튜브 시스템 구축을 위한 핵심 정리>

유튜브는 단순히 동영상을 공유하는 플랫폼을 넘어, 콘텐츠 제작자들이 다양한 방식으로 수익을 창출하고 팬들과 소통할 수 있는 강력한 플랫폼으로 진화했습니다. 특히 유튜브 쇼핑 기능은 콘텐츠와 상업적인 활동을 자연스럽게 연결하여 새로운 수익원을 개척할 수 있는 기회를 제공합니다.

① 유튜브 쇼핑 시작하기

유튜브 쇼핑을 시작하기 위해서는 구글 계정을 만들고, 유튜브 채널을 개설한 후, 유튜브 스튜디오를 활용하여 쇼핑 기능을 설정하는 과정을 거치면 됩니다. 유튜브 스튜디오는 단순히 동영상을 업로드하는 공간을 넘어, 크리에이터들이 자신의 채널을 효과적으로 운영하고 성장시킬 수 있도록 돕는 강력한 도구입니다.

② 다양한 수익 모델

유튜브 크리에이터들은 동영상 시청 중 노출되는 광고 수익, 팬들에게 특별한 혜택을 제공하는 유료 멤버십 등 다양한 수익 모델을 통해 콘텐츠 제작 활동을 지속하고 팬들과 더욱 긴밀한 관계를 구축할 수 있습니다.

③ 쇼핑몰 디자인

유튜브 쇼핑몰 디자인은 단순히 상품을 전시하는 공간을 넘어, 유튜브 콘텐츠와의 시너지를 통해 고객과의 소통을 강화하고 매출 증대에 기여하는 중요한 역할을 합니다. 유튜브 콘텐츠의 특성을 고려하여 쇼핑몰 디자인을 설계하고, 고객의 구매 경험을 향상시키는 데 집중해야 합니다.

④ 쇼핑몰 구축 시 필수 체크리스트

유튜브 채널과 쇼핑몰을 연동하여 성공적인 온라인 비즈니스를 운영하기 위해서는 유튜브 영상과 쇼핑몰의 연동, 안전한 결제 시스템, 체계적인 배송 시스템, 그리고 효과적인 고객 상담 시스템 구축이 필수적입니다.

⑤ 성공적인 유튜브 쇼핑몰 운영을 위한 팁

유튜브 쇼핑몰을 성공적으로 운영하기 위해서는 꾸준한 콘텐츠 제작, 타겟 고객 분석, 다양한 마케팅 활용, 그리고 데이터 분석을 통한 지속적인 개선이 필요합니다.

Part. 4
유튜브 쇼핑 상품 관리

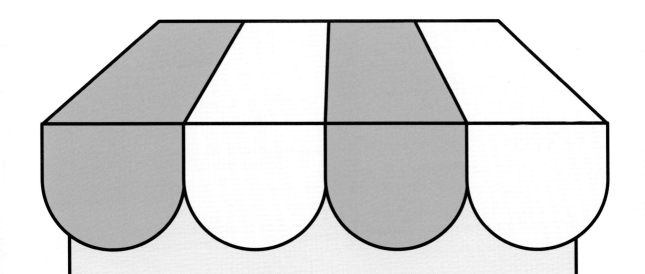

유튜브 쇼핑 상품 등록 방법

쇼핑몰 기본 설정과 디자인을 완료했다면 이제는 본격적으로 유튜브에 상품을 등록할 차례입니다. 유튜브 쇼핑 화면에서 상품을 등록하면 유튜브와 자사몰에 동시에 상품을 진열하고 관리할 수 있습니다. 상품을 등록하는 방법에는 유튜브 쇼핑 화면에서 직접 상품을 등록하는 방법과 마켓 상품을 가져와서 유튜브에 진열하는 방법이 있습니다. 마켓 상품을 가져와서 유튜브에 진열하는 방법은 운영 중인 오픈마켓 판매자 계정을 유튜브 쇼핑에 연동한 후에 가져오기 기능을 활용하면 됩니다. 그렇게 하면 판매하고 있는 상품을 가져와서 유튜브에 진열하여 판매할 수 있습니다.

유튜브 쇼핑 화면에서 상품 등록하기

01 유튜브 쇼핑 화면에서 [상품] 메뉴를 클릭합니다. 상품 목록 화면에서 [상품 등록] 버튼을 클릭하면 새로운 상품을 등록할 수 있습니다.

02   상품 등록 화면에서 상품명, 공급사 상품명, 상품 요약설명, 상품 상세설명을 입력합니다.

❶ **상품명:** 쇼핑몰에 등록하여 판매하려고 하는 상품의 이름을 입력합니다. 간결하고 명확하게 입력하는 것이 좋고, 핵심 키워드를 포함하여 구매자의 검색을 돕는 표현을 사용하여 등록합니다.

❷ **공급사 상품명:** 제조사 또는 유통업체에서 제공하는 상품의 공식 명칭을 입력합니다. 상품명과 동일하거나 유사하게 입력해도 됩니다. 모델 번호나 제품 코드 등을 포함하여 입력할 수 있고 필수 항목은 아니기 때문에 생략해도 됩니다.

❸ **상품 요약설명:** 상품의 주요 특징과 장점을 간략하게 설명하는 내용을 입력합니다. 핵심 정보를 한두 문장으로 요약하여 등록할 수 있으며, 상품명 아래에 노출되어 구매 결정을 하는 데 도움을 줄 수 있습니다.

❹ **상품 상세설명:** 상품의 특징, 기능, 용도, 사용 방법 등을 자세하게 설명하는 내용을 입력합니다. 구매자가 상품을 이해하는 데 도움이 되는 모든 정보를 포함하고 사진, 영상, 표 등을 활용하여 충분한 설명을 제공했을 때 구매로 이어집니다. 객관적이고 정확한 정보를 기반으로 작성하고 맞춤법과 문법이 맞는지 최종 검토가 필요합니다.

❺ **에디봇 작성:** 카페24에서 미리 만들어 놓은 다양한 템플릿을 활용하여 블로그 글 쓰듯이 쉽게 상세 페이지를 디자인할 수 있습니다. 포토샵을 잘 못하는 경우 상품 이미지만 있으면 누구나 쉽게 작성할 수 있습니다.

❻ **직접작성:** 미리 만들어 놓은 상품 상세 이미지를 직접 등록하여 상세 페이지를 만드는 화면 입니다. [이미지 등록] 버튼을 클릭하여 만들어 놓은 상세 이미지를 첨부하면 됩니다.

03 모바일 상품 상세설명 이미지와 자체 상품코드 및 상품상태를 선택합니다.

모바일 상품 상세설명 ⑦ ❶	⦿ 상품 상세설명 동일 ◯ 직접 작성
	640(권장) px ▾
상품코드	자동생성
자체 상품코드 ⑦ ❷	예시) P000000Q 0 / 40 중복확인
상품상태 ❸	신상품 ▾

❶ **모바일 상품 상세설명:** 모바일 전용으로 상품 상세설명을 만든 후에 등록할 수 있습니다. PC 버전으로 입력한 상세 페이지를 모바일에서도 동일하게 사용할 경우 [상품 상세설명 동일]에 체크하면 되고, 모바일 전용으로 별도로 등록할 때는 [직접 작성]을 클릭하면 됩니다.

❷ **자체 상품코드:** 쇼핑몰에서 상품을 별도로 관리하기 위해 자체 상품 코드가 있다면 입력합니다. 제외해도 되는 항목입니다.

❸ **상품상태:** 등록하는 상품의 상태를 신상품, 중고상품, 반품상품, 재고상품, 전시상품, 리퍼상품, 스크래치상품 등 상품의 상태에 맞게 선택할 수 있습니다.

04 표시 설정 화면에서 판매상태와 카테고리를 선택합니다.

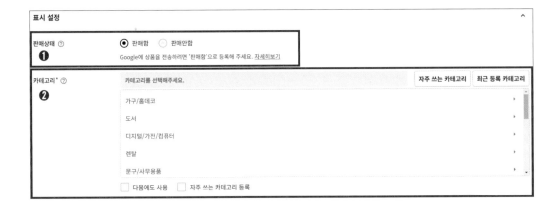

❶ **판매상태:** 구글에 상품을 전송하여 판매를 시작하려면 [판매함]을 선택합니다. [판매함]을 선택하면 상품이 전송된 후에 구매하기 버튼이 노출됩니다. [판매안함]을 선택하면 상품이 품절로 표시됩니다.

❷ **카테고리:** 판매하려고 하는 상품의 카테고리를 선택합니다. 항상 같은 카테고리에 상품을 등록하는 경우 [다음에도 사용]에 체크하면 다음에 등록할 때 카테고리가 자동으로 설정되어 있어서 편리합니다. [자주 쓰는 카테고리 등록]을 체크하면 자주 쓰는 카테고리 목록에 등록이 되어 다음에 등록할 때 카테고리를 선택하여 등록할 수 있습니다.

05 판매 정보 화면에서 판매가, 공급가, 구매 주문단위, 주문수량 제한, 성인인증 항목을 설정합니다.

❶ **판매가:** 판매가는 소비자에게 판매하려고 하는 최종 가격입니다. 제품의 제조원가, 유통 비용, 마케팅 비용, 이윤 등을 고려하여 결정합니다. 경쟁 제품의 가격을 참고하여 가격 매력도를 높이는 것도 판매를 하기 위한 전략입니다.

❷ **공급가:** 판매자가 제품을 공급업체로부터 공급받는 가격입니다. 고객에게는 노출되지 않으며 판매자가 최종 마진 계산을 위해 관리 페이지에 입력해 놓으면 편리합니다. 정확한 공급가 입력은 수익 산출 및 재고 관리에 중요하여 실제 공급받는 가격을 정확하게 입력해야 합니다.

❸ **구매 주문단위:** 구매자가 최소 또는 최대 한 번에 주문할 수 있는 제품의 수량입니다. 구매자의 편의성을 고려하여 설정합니다.

❹ **주문수량 제한:** 구매자가 한 번에 주문할 수 있는 제품의 최대 수량을 설정합니다.

06 옵션을 설정합니다. 옵션에는 조합 일체선택형, 조합 분리선택형, 상품 연동형, 독립 선택형이 있습니다.

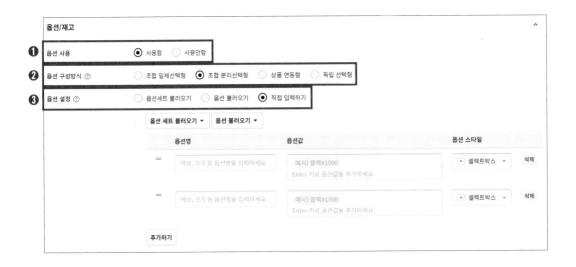

❶ **옵션 사용:** 등록한 상품에 옵션이 있는 경우 [사용함]을 선택하고 세부적인 항목을 설정하여 옵션을 등록합니다. 등록할 옵션이 없는 경우는 [사용안함]을 선택합니다.

❷ **옵션 구성방식**

• **조합 일체선택형:** 하나의 선택박스에 모든 옵션이 조합되어 표시됩니다. 옵션을 모두 선택해야만 상품을 구매할 수 있으며 품목 단위로 재고수량을 관리할 수 있습니다. 주로 옵션이 많지 않은 상품에서 사용합니다.

• **조합 분리선택형:** 각각의 선택박스에 옵션이 표시됩니다. 옵션을 모두 선택해야만 상품을 구매할 수 있습니다. 품목 단위로 재고수량을 관리하고 주로 색상, 사이즈와 같이 다양한 구성을 선택해야 하는 상품에서 사용합니다.

• **상품 연동형:** 표시되는 형태는 조합 분리선택형과 유사합니다. 다만 필수 옵션과 선택 옵션을 설정할 수 있으며, 품목이 아닌 하나의 상품 단위로 재고수량을 관리할 수 있습니다. 주로 자체제작을 하는 수공예품(가구, 주얼리 등)에서 사용합니다.

• **독립 선택형:** 표시되는 형태는 조합 분리선택형과 유사합니다. 다만 독립적인 조건 여러 개를 각각 선택할 수 있는 옵션으로 구매자가 옵션을 선택할 때마다 상품 수량이 증가합니다. 또한 필수 옵션과 선택 옵션을 설정할 수 있고, 필수 옵션을 최소 1개 이상 설정해야 합니다. 품목 단위로 재고 수량을 관리하고 주로 디지털/가전과 같이 본 상품(노트북)과 추가 옵션(마우스)을 선택하는 상품에서 사용합니다.

❸ 옵션 설정

- **옵션 세트 불러오기:** 이미 등록한 옵션 세트를 불러와 상품에 적용합니다.
- **옵션 불러오기:** 이미 등록한 옵션을 불러와 상품에 적용합니다.
- **직접 입력하기:** 상품에 적용할 옵션을 직접 입력해서 적용합니다.

07 대표 이미지와 추가 이미지를 등록합니다.

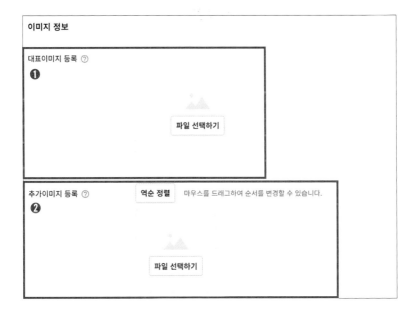

❶ 대표 이미지: 상품 진열 메인에 나오는 이미지이며, 이미지 1개를 등록하면 상품상세, 장바구니, 주문서 등 각 화면에 리사이징한 이미지로 자동 반영됩니다. 비율이 맞지 않는 이미지를 올리면 이미지가 일부 잘릴 수 있으며, 리사이징 비율이 클 경우 일부 브라우저에서 깨짐 현상이 발생할 수 있습니다. 원본 사이즈를 조절하여 업로드해야 합니다. 권장 이미지 크기는 5M 이하이며, gif, png, jpg 확장자 파일을 등록할 수 있습니다.

❷ 추가 이미지: 대표 이미지 외에 상품 상세화면에 노출되는 이미지를 여러 개 업로드할 수 있습니다. 업로드 순서대로 화면에 표시되며 최대 20개까지 추가 가능합니다.

08 부가 정보를 입력하고 [저장하기] 버튼을 누르면 상품 등록이 완료됩니다.

❶ 제작 정보   ☐ 항상열기 ⌄

❷ 상세 이용안내   ☐ 항상열기 ⌄

❸ 배송 정보   ☐ 항상열기 ⌄

❹ 메모   ☐ 항상열기 ⌄

저장하기

❶ **제작 정보:** 제조사, 공급사, 브랜드를 입력하는 항목입니다.

❷ **상세 이용안내:** 상품 결제 안내, 상품 배송 안내, 교환/반품 안내, 서비스 문의/안내 내용을 입력하는 항목입니다. 한 번 입력해 놓으면 같은 정보가 기본적으로 출력됩니다.

❸ **배송 정보:** 국내/해외배송, 배송 정보, 상품 전체 중량, HS코드, 상품구분 등의 정보를 입력하는 항목입니다.

❹ **메모:** 등록한 메모는 관리자와 운영자만 확인할 수 있으며 상품 관리에 필요한 내용을 입력합니다.

09 상품 등록이 완료되면 상품 목록으로 자동으로 이동됩니다. 등록한 상품이 목록에 있는 것을 확인합니다.

유튜브 쇼핑 이해

온라인 사업 이해

시스템 구축

상품 관리

운영 관리

유튜브 광고

지속적 운영

10 등록한 상품의 썸네일 이미지에 마우스를 올리면 [상품 수정하기]와 [상품 미리보기]가
나옵니다. [상품 미리보기]를 클릭하면 등록한 상품이 나오는 것을 볼 수 있습니다.

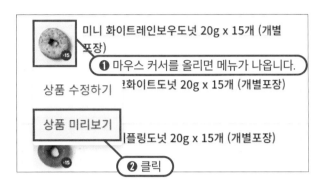

[등록된 모습]

2 상품 진열 및 노출 관리

01 유튜브 쇼핑 관리자 페이지에 등록된 상품을 유튜브에 노출하기 위해서는 등록한 상품을 선택한 후에 판매상태 변경 메뉴를 클릭한 후에 [판매함]으로 변경하면 유튜브에 노출이 됩니다. 이후 유튜브에 노출이 되는지 확인하기 위해 유튜브 쇼핑 관리자 페이지 오른쪽 상단에 있는 [유튜브 쇼핑] 단추를 클릭합니다.

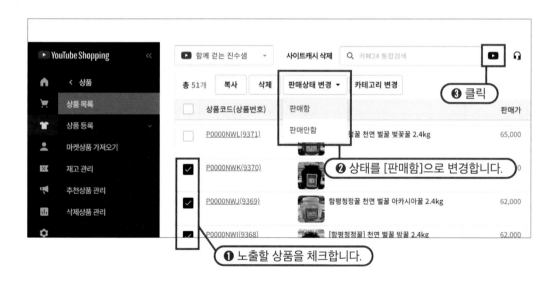

❹ 선택한 상품들이 스토어에 노출된 것을 확인할 수 있습니다.

Q. 유튜브 콘텐츠와 판매 제품이 같아야 할까요?

A. 콘텐츠와 제품의 연관성은 판매에 긍정적인 영향을 미칠 수 있지만, 절대적인 기준은 아닙니다. 자신만의 강점과 목표에 맞춰 가장 효과적인 방식을 선택하는 것이 중요하다고 생각합니다.

많은 크리에이터들이 콘텐츠와 판매하는 제품 간의 연관성에 대해 고민합니다. 교육 콘텐츠를 제작하면서 꿀을 판매하는 저처럼, 전혀 다른 분야의 제품을 판매하는 경우도 있습니다. 겉보기에는 전혀 다른 분야의 제품이지만, '나'라는 브랜드를 통해 연결될 수 있습니다. 꿀차를 마시면서 교육 정보를 공유하는 모습을 보여 줌으로써 콘텐츠와 제품 간의 간접적인 연결을 시도할 수 있습니다.

하지만, 콘텐츠와 제품이 직접적으로 연관되어 있을 때 더욱 효과적인 마케팅이 가능합니다. 예를 들어 교육 콘텐츠를 제작하는 경우, 교육 자료나 관련 상품을 판매하는 것이 더 자연스럽게 느껴질 수 있습니다.

01 영상에 제품을 태그하는 방법으로는 새로운 영상을 등록하며 제품을 태그하는 방법, 기존에 등록한 영상을 수정하며 제품을 태그하는 방법이 있습니다. 후자의 경우 일단 제품을 태그할 영상을 선택하고 동영상 세부정보를 엽니다.

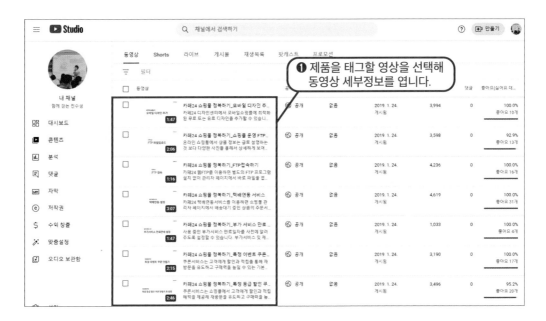

❶ 제품을 태그할 영상을 선택해 동영상 세부정보를 엽니다.

QnA

Q. 전에 올린 영상에도 제품 태그가 가능한가요?

A. 예전에 제작한 콘텐츠에도 제품을 태그하여 새로운 수익을 창출할 수 있습니다. 기존 콘텐츠와 어울리는 제품을 발굴하여 태그하면 시청자들의 구매 전환율을 높일 수 있습니다.
예를 들어, 인테리어 관련 영상이 많은 채널이라면 '소꿉노리'와 같은 온라인 도매 사이트에서 관련 제품을 찾아 태그하는 것이 효과적입니다. 이렇게 하면 시청자들은 영상을 보면서 자연스럽게 제품에 대한 정보를 얻고 구매로 이어질 가능성이 높아집니다.

유튜브 쇼핑 이해
온라인 사업 이해
시스템 구축
상품 관리
운영 관리
유튜브 광고
지속적 운영

02 영상을 등록하는 화면의 오른쪽 화면을 보면 [제품] 메뉴가 있습니다. 클릭하면 제품을 태그하는 화면이 나옵니다.

03 등록한 제품을 선택하면 화면과 같이 오른쪽으로 제품이 나열되는 것을 볼 수 있습니다. 제품을 모두 선택했다면 [저장] 버튼을 클릭합니다.

04 '태그된 제품 3개'라고 표시되는 것을 볼 수 있습니다. [저장] 버튼을 클릭하면 영상에 제품 태그를 완료하게 됩니다. 왼쪽 상단에 있는 [내 동영상]을 클릭하면 유튜브에서 영상을 볼 수 있습니다.

<유튜브 쇼핑 제품 태그 시 주의사항>

① 품절 또는 배송 지연 제품에 대한 신속한 조치

판매 중단 또는 장기간 배송 지연이 예상되는 제품은 즉시 제품 태그에서 삭제하고, 영상 설명란이나 커뮤니티 게시판을 통해 시청자들에게 미리 알려 불편을 최소화해야 합니다.

② 정확한 제품 정보 제공

제품 태그 클릭 시 정확한 상품 정보가 노출되는지 확인하고, 오류 발생 시 즉시 수정하여 시청자의 혼란을 방지해야 합니다.

유튜브 쇼핑 이해

온라인 사업 이해

시스템 구축

상품 관리

운영 관리

유튜브 광고

지속적 운영

05 유튜브에 등록한 영상이 보이는 것을 볼 수 있으며, [제품 보기] 버튼도 생성되고 영상 하단에는 등록한 제품이 나열된 것을 볼 수 있습니다.

❶ 제품 보기 버튼이 활성화되었습니다.

❷ 영상 하단에 제품이 표시됩니다.

Part. 5
유튜브 쇼핑
운영 관리

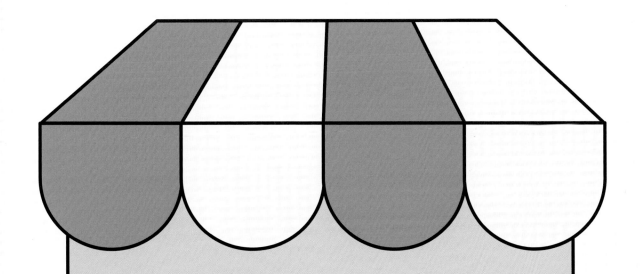

유튜브 쇼핑 주문
배송 취소 처리

1 ▶ **고객 주문 과정 이해**

01 배송 처리 과정을 이해하기 위해 먼저 고객 주문이 이루어지는 과정을 알아보겠습니다. 영상을 보던 시청자들이 제품에 관심이 있다면, [제품 보기] 버튼을 클릭하거나 영상 하단에 있는 제품을 클릭할 것입니다. 그럼 해당 제품이 등록되어 있는 쇼핑몰의 페이지로 이동합니다.

02 유튜브 쇼핑과 연결된 자사몰입니다. 해당 페이지에서 [구매] 버튼을 클릭합니다.

TIP

고객의 구매 전환율을 높이기 위해 네이버페이, 카카오페이와 같은 신뢰도 높은 간편결제 서비스를 도입하고, 지속적으로 새로운 결제 수단을 추가하여 편의성을 향상시키는 것이 좋습니다.

03 주문 정보를 입력하고 [결제하기] 버튼을 클릭하면 결제가 완료되는 것입니다.

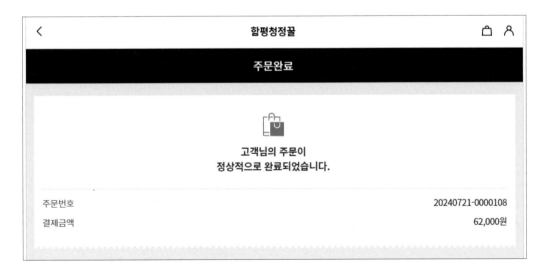

2 ▷ 배송 관리

유튜브 쇼핑을 통해 주문이 들어온 항목은 주문번호에 유튜브 표시가 되어 있습니다. 고객이 무통장 입금을 선택한 경우에 아래와 같이 나오고 카드 결제로 주문한 경우는 바로 상품 준비 중 관리 단계로 이동됩니다.

01 주문 조회를 하기 위해 [전체 주문 조회] 메뉴를 클릭합니다. 유튜브에서 주문이 들어온 것을 확인할 수 있습니다.

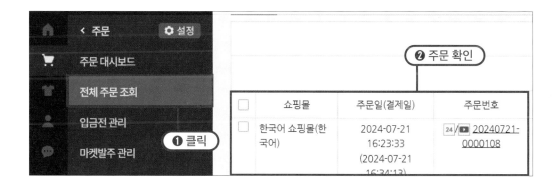

유튜브 쇼핑을 통해 발생한 주문은 주문번호 옆에 표시된 고유한 유튜브 마크를 통해 다른 채널의 주문과 명확하게 구분됩니다. 다양한 오픈 마켓에서도 각각의 고유한 마크를 제공하여 주문 관리를 편리하게 지원합니다.

TIP

주문량이 많아질 경우, 엑셀을 이용한 대량 등록 및 이지어드민과 같은 전문적인 주문 관리 시스템을 도입하여 업무 효율을 극대화할 수 있습니다. 사업 규모에 맞춰 적절한 시스템을 도입하고 지속적으로 관리하는 것이 중요합니다.

02 입금 전 관리 화면에서 고객이 금액을 입금한 경우 해당 주문건을 선택하고 [입금확인] 버튼을 클릭합니다.

체크해 보세요

자동입금확인 기능을 활용하면 편리합니다. 카페24 관리자 페이지에서 자동입금확인 서비스를 신청할 수 있습니다.

03 입금확인이 된 경우 [상품 준비 중 관리] 화면으로 이동합니다. 카드 결제의 경우는 자동 입금확인되고 [상품 준비 중 관리] 화면으로 이동이 됩니다. 배송할 상품을 선택하고 [배송준비 중 처리] 버튼을 클릭합니다.

04 그 다음으로 [배송 준비 중 관리] 메뉴에서 운송장 정보를 입력하고 [배송 중 처리] 버튼을 클릭하면 상품 배송이 진행됩니다.

3 ▸ 취소/교환/반품/환불 관리

  고객이 제품을 주문하고 취소/교환/반품/환불을 요청한 경우 관리자 페이지의 취소/교환/
반품/환불 메뉴에서 진행할 수 있습니다.

01 고객이 쇼핑몰에서 취소를 직접 한 경우에 취소/교환/반품/환불 메뉴에 자동으로 노출
이 됩니다. 하지만 취소 처리하기 위해 전화가 올 수도 있습니다. 이럴 때 제일 빠른 방
법은 [전체 주문 조회] 화면에서 주문한 고객의 이름을 입력하고 [검색]을 클릭하여 주
문 내역을 바로 확인하는 것입니다.

02 검색 결과, 찾고 싶은 고객의 주문 내역이 뜹니다. 검색 결과에서 주문번호를 클릭합니다.

	쇼핑몰	주문일(결제일)	주문번호	주문자	상품명
☐	한국어 쇼핑몰(한국어)	2024-07-21 16:23:33 (2024-07-21 16:34:13)	24/▶ 20240721-0000108 **① 클릭**	전진수 🗐 ✉ ssuceo [일반회원] (총11건)	[함평첨첨꿀] 천연 벌꿀 밤꿀 2.4kg

03 주문 상세정보 화면에서 [주문취소] 버튼을 클릭합니다.

주문상세정보

쇼핑몰 : 한국어 쇼핑몰 (한국어) 　주문번호 : 20240721-0000108
주문경로/유입경로 : 24 PC쇼핑몰/ ▶ 유튜브쇼핑 　주문일자 : 2024-07-21 16:23:33 　[인쇄]

주문/CS	결제정보	결제수단	환불정보	현금영수증	세금계산서	주문자정보	수령자정보	관리자메모

주문/CS

주문내역(1건)　취소(0건)　교환(0건)　반품(0건)　환불(0건)　CS내역(0건)　고객상담(0건)

① 클릭

(통화코드 : KRW)

[배송상품추가 >] ❓　　　　　　　　　　　　　　[입금전처리] [주문취소] [상품교환] [상품반품] [주문상품추가]

☐	품목별 주문번호/ 배송번호	공급사	상품명/옵션	수량	판매가	상품구매금액	상품별할인금액	배송비
☐	20240721-0000108-01 D-20240721-0000108-00	자체공급	🖼 [함평첨첨꿀] 천연 벌꿀 밤꿀 2.4kg	1	62,000	62,000	0	0 (기본) (무료)
			계	1	62,000	62,000	0	

<주문 취소, 상품 교환, 상품 반품 이해>

① **주문 취소**: 주문 취소는 상품 배송 전까지 가능하며 쇼핑몰 마이페이지에서 취소하거나 고객센터로 전화 또는 채팅으로 취소 신청을 할 수 있습니다.

② **상품 교환**: 상품 배송 후 7일 이내 상품 교환이 가능하며 사용자의 실수로 인한 상품 주문 오류, 상품 하자 또는 오배송, 기타 쇼핑몰 운영자가 정한 사유로 상품 교환이 진행됩니다. 교환 상품의 재고가 있는 경우에만 교환 가능하며 고객이 상품을 사용하거나 훼손한 경우 교환 불가능합니다.

③ **상품 반품**: 상품 배송 후 7일 이내 상품 반품이 가능하며 사용자의 실수로 인한 상품 주문 오류, 상품 하자 또는 오배송, 기타 쇼핑몰 운영자가 정한 사유로 상품 반품이 진행됩니다. 상품을 사용하거나 훼손한 경우 반품이 불가능합니다.

04 취소 처리 화면에서 제품을 선택하고 [취소접수] 버튼을 클릭합니다.

05 취소를 위한 환불 방식을 선택하고 [확인] 버튼을 클릭하면 취소가 완료됩니다.

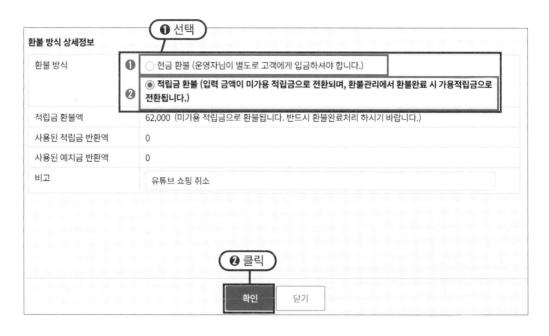

❶ **현금 환불:** 현금 환불의 경우에는 고객의 무통장 계좌번호를 받아서 해당 계좌로 금액을 입금해야 합니다.

❷ **적립금 환불:** 제품 가격만큼 적립금으로 적립해 주는 환불 방식입니다. 적립금으로 다른 상품을 구매할 수 있습니다.

06 [취소 관리] 화면으로 이동하여 확인해 보면 취소 내역이 뜨는 것을 볼 수 있습니다.

취소/교환/반품/환불 ^		쇼핑몰	취소신청일 (취소접수일)	품목별 주문번호/취소번호	주문자
입금전 취소 관리	☐	한국어 쇼핑몰(한국어)	- (2024-07-21 17:13:45)	24 ▶ 20240721-0000108-01 C20240721-0001197	전진수📧💬 ssuceo [일반회원]
취소 관리					

유튜브 쇼핑 매출 상승을 위한 관리자 페이지 설정

처음 쇼핑몰을 시작할 때는 모든 것을 혼자 해결하는 경우가 많이 있습니다. 제품 촬영부터 상품 등록, 고객 응대까지 모든 업무를 직접 처리하며 사업을 키워나갑니다. 하지만 쇼핑몰이 성장하고 매출이 증가하면 혼자서 감당하기 어려운 부분이 생기기 마련입니다. 이때부터는 다양한 분야의 전문가들과 함께 일하며 쇼핑몰을 운영하는 것이 효율적입니다.

쇼핑몰이 성장하면 자연스럽게 업무가 세분화되고, 각 부분을 담당하는 전문 관리자들이 필요해집니다. 주요 관리자는 다음과 같이 나눌 수 있습니다.

❶ CS(고객만족) 관리자

고객 문의, 주문 변경, 환불 등 고객과 직접 소통하며 문제를 해결하고, 고객 만족도를 높이는 역할을 합니다.

❷ 배송 관리자

주문 처리, 포장, 배송, 반품 등 물류 관리 업무를 총괄하며, 빠르고 정확한 배송을 책임집니다.

❸ MD(상품기획) 관리자

새로운 상품을 기획하고, 소싱하며, 상품 구성을 관리합니다. 시장 트렌드를 분석하여 고객의 니즈를 충족시키는 상품을 개발하는 역할을 합니다.

❹ 마케터

쇼핑몰을 홍보하고 고객을 유입시키기 위한 다양한 마케팅 활동을 기획하고 실행합니다. SNS 마케팅, 광고, 이벤트 등을 통해 브랜드 인지도를 높입니다.

각 부서별로 관리하는 쇼핑몰 관리자 페이지를 살펴보겠습니다.

1 ⟩ CS팀 업무

❶ 주문 조회

쇼핑몰에서 일어난 모든 주문에 대해 조회가 가능하며 조건별 검색도 가능합니다. 수령지 변경 등 고객서비스 처리와 주문 취소, 반품, 교환 등을 처리할 때 사용합니다.

01 관리자 페이지에서 [주문] 항목을 클릭하면 주문 대시보드 화면이 나옵니다.

02 [전체 주문 조회] 메뉴를 클릭하면 전체 주문 조회 화면이 나옵니다. 화면에서 쇼핑몰, 기간, 검색어를 설정하고 [검색] 버튼을 클릭하면 문의한 고객의 주문 정보가 나옵니다.

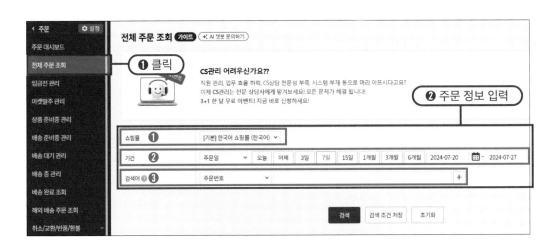

❶ **쇼핑몰:** 한국어, 영어, 중국어, 일본어 등 운영하는 쇼핑몰 항목이 나타납니다.

❷ **기간:** 주문일, 송장번호 입력일, 배송 시작일 등 다양한 방식으로 검색 기간 설정이 가능합니다.

❸ **검색어:** 주문번호, 주문자명, 송장번호, 전화번호, 배송지 주소 등 다양한 검색 조건이 있으며, CS 고객의 요청 사항에 맞게 검색어를 설정하고 정보를 입력하면 해당 내용을 찾을 수 있습니다.

03 [검색] 버튼을 클릭하면 다음 화면과 같이 유튜브 쇼핑을 통해 구매한 내역이 나옵니다. 유튜브 쇼핑 아이콘 옆에 있는 주문 번호를 클릭하면 세부적인 설정을 할 수 있습니다.

04 주문 상세 정보 설정 화면에서 CS 내용에 따라 설정을 진행하면 됩니다.

쇼핑몰 운영에서 고객 CS는 단순한 문제 해결을 넘어, 고객 만족도 향상과 브랜드 이미지 구축에 결정적인 역할을 합니다. 효과적인 고객 CS를 위해 꼭 기억해야 할 핵심적인 자세와 주의사항을 알려드리겠습니다.

❶ 고객의 입장에서 생각하기
- **공감:** 고객이 느끼는 불편함이나 답답함을 진심으로 공감하고 이해하려고 노력해야 합니다.
- **존중:** 고객의 의견을 존중하고, 비난하거나 무시하지 않아야 합니다.
- **친절:** 항상 친절하고 밝은 태도로 응대하여 고객이 편안하게 느낄 수 있도록 해야 합니다.

❷ 빠르고 정확한 응대
- **신속성:** 고객의 문의는 최대한 빨리 확인하고 답변해야 합니다.
- **정확성:** 고객의 질문에 정확하게 답변하고, 잘못된 정보를 제공하지 않도록 주의해야 합니다.
- **일관성:** 모든 고객에게 동일한 기준으로 응대하여 형평성을 유지해야 합니다.

❸ 문제 해결 중심의 커뮤니케이션
- **문제 파악:** 고객의 문제를 정확하게 파악하고, 원인을 분석해야 합니다.
- **해결책 제시:** 문제 해결을 위한 구체적인 해결책을 제시하고, 고객이 이해하기 쉽도록 설명해야 합니다.
- **책임감:** 문제 발생 시 책임을 회피하지 않고, 적극적으로 해결하려는 자세를 보여야 합니다.

❹ 긍정적인 태도 유지
- **긍정적인 표현:** 부정적인 표현 대신 긍정적인 표현을 사용하여 고객에게 긍정적인 인상을 심어줘야 합니다.
- **감사 인사:** 고객의 문의에 대한 감사 인사를 전하고, 다시 찾아주시길 바라는 마음을 표현해야 합니다.

❺ 지속적인 개선
- **고객 피드백 수렴:** 고객의 피드백을 적극적으로 수렴하고, 서비스 개선에 반영해야 합니다.
- **시스템 개선:** 고객 불편함을 최소화하기 위해 시스템을 지속적으로 개선해야 합니다.
- **교육:** CS 담당자의 역량 강화를 위한 교육을 실시해야 합니다.

❻ 주의할 점

- **감정적인 대응 자제:** 고객의 불만에 감정적으로 대응하지 않고, 객관적인 시각으로 문제를 해결해야 합니다.
- **개인 정보 보호:** 고객의 개인 정보를 철저히 보호해야 합니다.

　자주 발생하는 질문에 대한 FAQ를 구축하여 고객의 질문에 빠르게 응대할 수 있도록 하는 것이 좋으며, 최근에는 챗봇 도입도 많이 하고 있습니다. 기존 고객을 충성 고객으로 만들기 위해서는 만족도 높은 CS가 필수입니다.

[무신사 FAQ]

㉯ 전화

인터넷 쇼핑몰은 주로 인터넷을 통해 상품의 판매 프로세스가 진행되지만, 빠르게 문의에 응대하고 주문도 받을 수 있는 전화가 주요 커뮤니케이션 수단입니다. 즉시성이 존재하므로 전화 상담의 경우에는 순발력과 함께 경험이 많이 필요하며, 쇼핑몰 어드민 사용법에도 능숙해야 합니다.

전화 상담 시에는 매뉴얼을 통해서 이러한 어려움을 극복해야 합니다. 전화를 처음 받을 때에는 "안녕하세요, ㅇㅇㅇ 쇼핑몰입니다"처럼 간단한 멘트를 붙여서 인사를 합니다. 고객의 문의, 불만, 요청을 끝까지 들은 후에 매뉴얼에 따라 응대를 합니다. 통화가 끝난 후에는 고객이 전화를 끊은 후에 전화를 끊어야 합니다.

의류 상품을 예시로 고객이 전화로 가장 많이 묻는 질문을 뽑자면 아래와 같습니다.

❶ 주문 전 문의

- 00색 상품 재입고가 언제 되나요?
- 일시 품절된 상품은 언제 들어오나요?
- 키가 165cm에 몸무게가 55kg인데 어떤 사이즈가 맞나요?
- 모델이 입은 것이 어떤 사이즈인가요?
- 피팅된 사진에 있는 벨트는 따로 구매해야 하는 건가요?

❷ 결제 문의

- 방금 결제했는데 입금 확인해 주세요.
- 카드 결제가 되지 않습니다. 어떻게 하나요?

❸ 배송 문의

- 오늘 주문하고 내일 입금하면 언제쯤 배송될까요?
- 배송이 왜 이렇게 늦나요?
- 상품이 배송지연되고 있는 것 같은데 기다렸다가 나중에 입고되는 상품이랑 같이 배송해 주세요.

❹ 반품/교환

• 다른 색으로 교환해 주세요.

• 반품하려고 하는데 어디로 보내면 되나요?

❸ 게시판

온라인 쇼핑 고객이 가장 오랫동안 머무르는 공간은 사용후기, 공지사항 등이 있는 게시판입니다. 구매자들이 방문에서 구매까지 걸리는 시간 중 60%를 게시판 영역에서 체류하는 것으로 조사된 결과도 있습니다. 게시판의 답글은 정확성과 신속성을 가지고 처리해야 합니다. 고객의 문의 사항을 정확하게 파악한 후에 신속하게 답변을 해 주어야 합니다.

❶ 게시판 설정

01 쇼핑몰 관리자 페이지에서 [게시판] 항목을 클릭하면 나오는 메뉴에서 [게시판 관리]를 클릭하면 현재 쇼핑몰에서 사용되고 있는 게시판이 나열됩니다. 해당 게시판의 글 관리 및 게시판 설정을 모두 할 수 있는 화면입니다. 상품 사용후기 게시판을 설정하기 위해 [상품 사용후기] 게시판을 클릭합니다.

02 상품 사용후기 게시판을 설정할 수 있는 화면이 나옵니다. 게시판 정보를 설정할 수 있는 탭과 디자인을 구성할 수 있는 탭으로 분리되어 있습니다. 게시판 안내글을 입력하고 페이지당 목록 수를 설정합니다.

상품 사용후기	
게시판 정보 | 디자인 구성	
게시판 사용여부	● 사용 ○ 사용안함
게시판 표시여부 ❓	● 표시 ○ 표시안함
게시판 분류	상품 ∨
게시판 제목	상품 사용후기
게시판 안내글	상품 사용후기입니다.
게시물 표시	● 전체 게시물 표시 ○ 첨부 파일이 있는 게시물만 표시 ○ 첨부 파일이 없는 게시물만 표시
게시글 제목 지정 ❓	☐ 글의 제목을 관리자가 지정한 형태로 고정합니다. ☐ 운영자가 작성할경우에는 제목을 지정하지 않습니다. ☐ 답변글의 제목을 관리자가 지정한 형태로 고정합니다. ☐ 운영자가 작성할경우에는 제목을 지정하지 않습니다.
게시글 입력 양식 설정 ❓	○ 사용 ● 사용안함
페이지당목록수	15 ㅣ 한 페이지당 출력될 목록의 수 (1~99)
상품상세정보 -> 페이지당목록수 ❓	5 ㅣ 한 페이지에 출력될 목록의 수 (5~999), [상품] 분류 게시판에만 해당 됩니다.
페이지표시수	10 ㅣ 목록의 아랫부분에 표시될 페이지의 갯수 (1~99)

(❶ 내용 입력, ❷ 입력 표시)

03 하단으로 내려 보면 스팸 게시물 설정 화면이 있습니다. 쇼핑몰을 운영하다 보면 기계적으로 등록되는 스팸 글들이 있습니다. 해당 아이피를 입력해 놓으면 더 이상 스팸 글이 올라오지 않습니다.

■ 스팸게시물 설정 Ⓝ	
특정인 글쓰기 차단 ❓	차단목록 설정하기
불량어금지기능	※ 구분은 콤마(,)로 합니다.
특정IP제한기능	※ 구분은 콤마(,)로 합니다.
허용단어 설정	※ 구분은 콤마(,)로 합니다.
스팸 걸러내기	● 사용 ○ 사용안함
스팸 자동생성방지 기능 ❓	+적용범위 : ☑ 글쓰기/수정/답변 ☑ 댓글(comment) +대상회원 : ○ 전체 ○ 회원 ● 비회원

❷ 게시판별 관리 요령

공지사항 게시판 관리

- **정확하고 명확한 정보 제공:** 할인, 쿠폰, 이벤트 등 중요한 정보를 빠르고 정확하게 공지합니다. 배송 지연, 배송 방법 변경 등 배송 관련 정보를 투명하게 공개합니다.
- **시각적 디자인:** 글자 크기, 색상, 배치 등을 고려하여 가독성을 높입니다. 중요한 정보는 눈에 잘 띄도록 디자인하여 고객의 시선을 사로잡습니다.

[유튜브 쇼핑 공구왕 황부장 공지사항]

- **진정성 있는 후기 유도:** 후기를 작성한 고객에게 할인 쿠폰이나 적립금 등의 혜택을 제공하여 후기 작성을 유도합니다. 단순히 칭찬만 하기보다는 상품의 장단점을 솔직하게 작성해줄 것을 부탁합니다.
- **부정적인 후기 대처:** 부정적인 후기가 올라오면 즉시 답변하고, 문제 해결을 위해 노력하는 모습을 보여줍니다. 사실과 다른 내용이 포함된 후기는 정확한 정보를 제공하여 오해를 풀어 줍니다. 부정적인 후기를 통해 문제점을 파악하고, 개선하기 위한 노력을 보여줍니다.
- **허위 후기 방지:** 구매 내역을 확인하여 실제 구매 고객의 후기만 허용합니다.
- **중복 후기 방지:** 동일한 내용의 후기가 반복적으로 등록되는 것을 방지합니다.

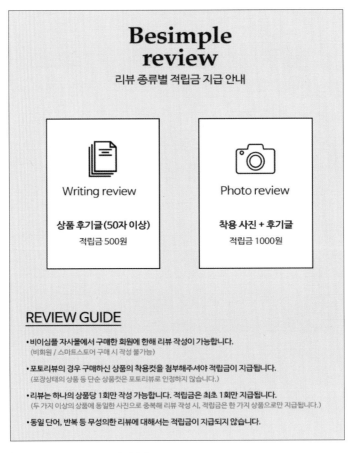

[유튜브 쇼핑 비이심플 후기 작성 가이드]

🕔 SMS 관리

SMS는 저렴한 비용으로 고객에게 빠르게 쇼핑몰의 처리 결과를 알려주는 커뮤니케이션 수단입니다. 쇼핑몰에서 사용할 수 있는 메시지 종류로는 SMS 서비스, 카카오알림톡, 푸시 서비스 등이 있습니다.

❶ SMS 서비스

고객에게 문자메시지를 개별 발송하거나 회원가입과 주문 완료, 결제 완료, 배송 완료 등 고객에게 자동으로 보낼 문자메세지를 설정해 발송할 수 있는 서비스입니다. 또한 고객의 기념일과 생일 등에 문자메시지를 발송해 고객 관리를 할 수도 있습니다.

서비스 특징

SMS 발송 서비스로 신속하고 신뢰감 있는 쇼핑몰의 운영을 도와 드립니다.

고객의 주문내용을 바로바로 SMS로 발송

입금확인 등의 주문상태를 고객에게 신속하게 알려줍니다.
상품의 배송을 알려줌으로써 신뢰감을 전해 줍니다.

매출증대를 위한 마케팅 수단

신상품이 입고를 고객에게 홍보할 수 있습니다.
이벤트 및 쿠폰제공 안내를 할 수 있습니다.
특정 고객별로 SMS를 관리할 수 있습니다.

광고효과 분석

진행중인 CPC광고의 효과를 유입된 검색어 별로 확인할 수 있습니다.
매체별 광고효과를 분석 할 수 있습니다.

01 쇼핑몰 관리자 페이지에서 [메시지] 항목으로 들어갑니다. [메시지 충전]-[SMS 충전]에서 SMS 충전을 해야 사용할 수 있습니다.

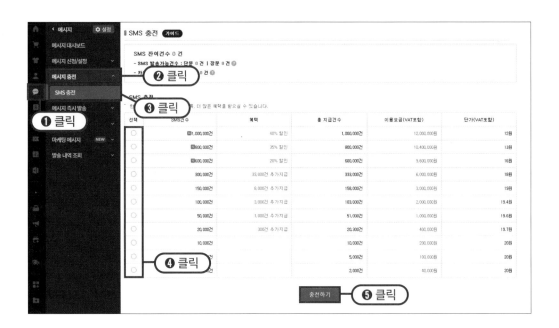

02 충전을 완료한 후에는 [자동 알림 메시지 관리] 화면에서 용도에 맞게 메시지를 설정할 수 있습니다. 주로 설정하는 메시지는 주문 완료 시, 입금 완료 시, 배송 시작 시에 처리 결과를 발송하는 메시지입니다.

❷ 카카오 알림톡

카카오 알림톡은 고객에게 꼭 필요한 정보성 메시지를 문자보다 저렴한 가격으로 실시간 발송할 수 있는 서비스입니다. 주문, 결제, 배송 등 고객이 알아야 하는 정보를 알림톡으로 자동으로 발송할 수 있습니다.

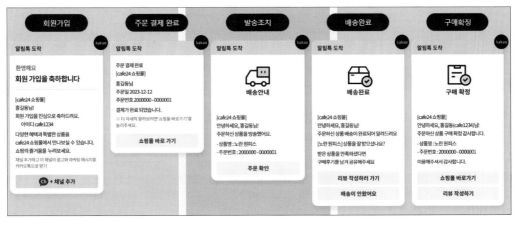

[상황별 알림톡 발송 내역]

<u>**01**</u> [메시지 신청/설정] 메뉴에서 [알림톡/친구톡 신청] 메뉴를 클릭하면 카카오 알림톡을 신청할 수 있는 화면이 나옵니다.

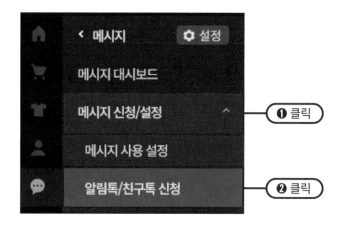

<u>**02**</u> [서비스 신청하기] 버튼을 클릭하여 알림톡 기능을 활성화할 수 있습니다.

2 ▶ 배송팀 업무

❶ 배송 시작을 위한 체크

- **주문 확인:** 고객이 주문한 상품, 수량, 배송지 정보 등을 정확하게 확인합니다.
- **재고 확인:** 주문된 상품의 재고가 충분히 있는지 확인하고, 부족한 경우에는 재고 관리팀에 요청합니다.
- **포장재 준비:** 상품의 종류와 크기에 맞는 적절한 포장재를 준비합니다.

[주문] 항목의 [전체 주문 조회] 메뉴에서 최근 주문을 확인할 수 있습니다. 결제 수단 및 결제 상태를 확인합니다.

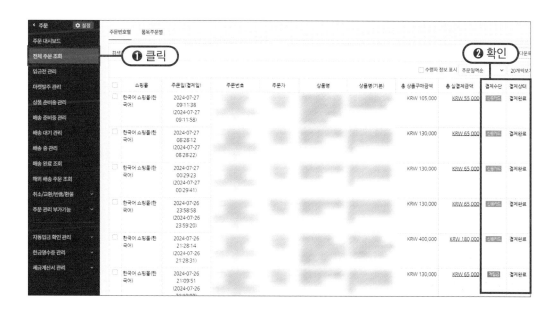

② 배송 준비 중 관리

- **상품 관리:** 주문된 상품을 창고에서 찾아서 준비합니다. 정확한 상품을 빠르게 찾기 위해 바코드 시스템 도입을 추천합니다.
- **검수:** 찾아낸 상품이 주문과 일치하는지, 파손된 부분은 없는지 꼼꼼하게 확인합니다.
- **포장:** 상품을 안전하게 보호하기 위해 적절한 포장재를 사용하여 포장합니다. 상품의 특성에 따라 완충재, 비닐 포장 등 다양한 방법을 사용합니다.
- **운송장 출력:** 쇼핑몰 시스템과 연동된 택배사의 프로그램을 이용하여 운송장을 출력하여 상품 포장에 부착합니다.
- **운송장 입력:** 쇼핑몰 관리자 페이지에서 운송장을 입력합니다.

[주문] 항목의 [배송 준비 중 관리] 메뉴를 클릭하면 배송 준비 중인 상품이 나오는 것을 볼 수 있습니다. 해당 화면에서 운송장 번호를 입력한 후에 [배송 중 처리] 버튼을 클릭하면 배송이 시작됩니다.

❸ 배송 완료 처리

- **배송 추적:** 택배사의 시스템을 통해 배송 현황을 추적하고, 고객에게 배송 정보를 제공합니다.
- **배송 완료 확인:** 택배사로부터 배송 완료를 확인하고, 시스템에 반영합니다.
- **반품/교환 처리:** 고객의 반품/교환 요청이 있을 경우, 반품 상품을 확인하고, 교환 또는 환불 처리를 진행합니다.

[주문] 항목의 [배송 완료 조회] 메뉴를 클릭하면 배송 완료 내역을 확인할 수 있습니다.

주문 ⚙설정	쇼핑몰	주문일/주문번호	주문자	☐	배송일/배송번호
주문 대시보드					
전체 주문 조회	한국어 쇼핑몰(한국어)			☐	2024-07-27 00:45:25 D-20240725-0000045-00
입금전 관리					
마켓발주 관리	한국어 쇼핑몰(한국어)			☐	2024-07-25 09:06:58 D-20240724-0000082-00
상품 준비중 관리					
배송 준비중 관리					
배송 대기 관리	한국어 쇼핑몰(한국어)			☐	2024-07-25 09:06:58 D-20240724-0000079-00
배송 중 관리					
배송 완료 조회 ← ❶ 클릭					
해외 배송 주문 조회	한국어 쇼핑몰(한국어)			☐	2024-07-26 00:39:20 D-20240724-0000047-00
취소/교환/반품/환불 ⌄					
주문 관리 부가기능 ⌄					

④ 배송팀의 추가적인 업무

- **재고 관리:** 상품 입출고 관리, 재고 현황 파악 등을 통해 재고를 유지합니다.
- **택배사 관리:** 다양한 택배사와의 계약 관리, 배송비 비교 분석 등을 통해 최적의 택배사를 선정합니다.
- **포장재 관리:** 포장재 재고 관리, 새로운 포장재 발굴 등을 통해 포장 효율성을 높입니다.
- **배송 관련 문제 해결:** 배송 지연, 분실, 파손 등 배송 관련 문제 발생 시 신속하게 해결하고, 고객에게 안내합니다.

3 ▶ MD 업무

MD는 상품 기획자라고 하며, 쇼핑몰의 판매를 책임지고 상품 기획부터 판매까지 전반적인 과정을 관리하는 역할을 합니다.

① 상품 기획 및 등록

- **시장 트렌드 분석:** 최신 트렌드 및 고객 니즈를 파악하여 상품 기획에 반영합니다.
- **경쟁사 분석:** 경쟁사의 상품과 마케팅 전략을 분석하여 차별화된 상품을 기획합니다.
- **상품 기획:** 새로운 상품 아이디어를 구상하고, 상세한 상품 기획서를 작성합니다.
- **소싱:** 기획된 상품을 제작할 공급업체를 선정하고, 품질과 가격 협상을 진행합니다.
- **상품 등록:** 쇼핑몰 관리자 페이지에서 상품을 등록합니다.

트렌드 분석 및 상품 소싱을 위해 유용한 분석 툴이 있습니다. 대표적으로는 아이템 스카우트와 판다랭크가 있습니다.

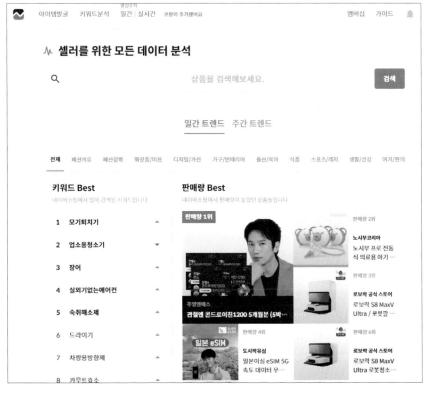

[아이템 스카우트]

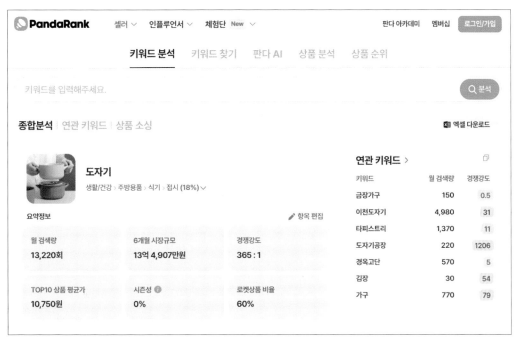

[판다랭크 키워드 분석]

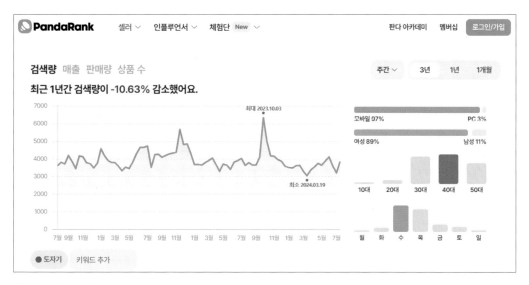

[판다랭크 검색량 화면]

[판다랭크 상품 분석]

  상품을 등록할 때는 [상품] 항목의 [상품등록] 메뉴를 클릭한 후에 간단 등록, 일반 등록, 세트 상품 등록, 엑셀 등록 등 다양한 방법으로 상품을 등록할 수 있습니다.

❶ 간단 등록

상품의 기본적인 정보만을 빠르게 입력하여 간단하게 상품을 등록할 수 있는 메뉴입니다. 상품 수가 적을 때, 상품 정보가 간단할 때, 빠른 상품 등록이 필요할 때 사용합니다. 입력 정보로는 상품명, 가격, 카테고리, 간단한 설명 등이 있습니다.

❷ 일반 등록

상품에 대한 상세한 정보를 입력하여 다양한 기능을 활용할 수 있는 메뉴입니다. 상품에 대한 상세한 정보를 입력하고 싶을 때, 다양한 옵션을 설정하고 싶을 때 사용합니다. 입력 정보로는 상품명, 가격, 카테고리, 상세 설명, 이미지, 옵션, 추가 정보 등이 있습니다.

❸ 세트 상품 등록

등록한 상품을 2개 이상 선택하여 세트 상품으로 만들어서 판매할 때 사용하는 메뉴입니다. 등록한 상품의 옵션, 재고 정보를 사용하기 때문에 세트 상품의 옵션, 재고 설정은 제외됩니다. 구성품이 여러 개인 상품을 판매하고 싶을 때, 단품보다 세트 상품으로 판매하는 것이 유리한 상품일 때 사용합니다. 입력 정보로는 구성 상품, 세트 상품 가격, 할인율 등을 설정할 수 있습니다.

❹ 엑셀 등록

많은 상품을 한 번에 등록하거나 수정할 수 있는 메뉴입니다. 엑셀 파일을 이용하여 효율적으로 상품 정보를 입력하고 업로드할 수 있습니다. 상품 수가 많을 때, 상품 정보를 정기적으로 업데이트해야 할 때, 대량의 상품을 빠르게 등록하고 싶을 때 사용합니다. 시간과 노력을 절약할 수 있으며, 오류 발생 가능성을 줄일 수 있습니다.

🄬 이벤트/기획전 진행하기

이벤트/기획전은 고객이 쇼핑몰에 머무르는 시간을 늘려주고, 구매를 촉진시킵니다. 방문 대비 구매율이 높아지면 구매 고객 수와 회원가입 수도 증가하고 매출도 많이 올라갑니다. 따라서 쇼핑몰은 이벤트와 기획전이 주기적으로 이루어지는 활발한 사이트로 인식되도록 노력해야 합니다. 이벤트/기획전은 시즌별 또는 매달, 기념일별로 준비된 1년의 계획이 있어야 합니다.

❶ 테마에 따른 기획

졸업, 입학, 발렌타인데이, 바캉스, 추석, 크리스마스, 스키 시즌

❷ 시즌에 따른 기획

가을 신상품, 간절기 패션, 여름 바캉스, 트렌치코드

❸ 이벤트에 따른 기획

신규 가입, 재방문 유도

쇼핑몰 이슈 캘린더

[쇼핑몰 시즌 달력]

체크해 보세요

카페24 관리자 페이지에서는 쇼핑몰의 일정을 캘린더로 관리하고 공유할 수 있는 기능을 제공하고 있습니다.

유튜브 쇼핑 이해

온라인 사업 이해

시스템 구축

상품 관리

운영 관리

유튜브 광고

지속적 운영

체크해 보세요

캐릿 사이트를 접속하여 뉴스레터를 신청하면 매일 바뀌는 트렌드를 메일로 보내줍니다. 사이트 내에 이슈 캘린더도 확인할 수 있습니다.

https://www.careet.net

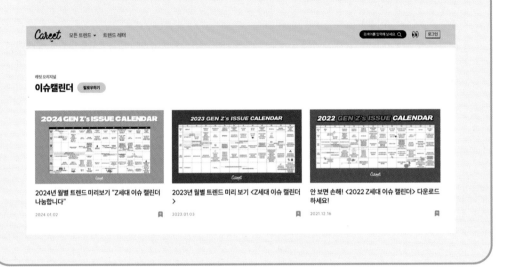

TIP

<이벤트/기획전을 위한 체크리스트>

① 이벤트/기획전 목적
• 매출 극대화, 회원가입 유도, 고객 참여, 쇼핑몰 브랜딩 홍보, 상품 홍보

② 대상고객
• 신규방법, 기존 회원, 상품 구입회원 (예) 선착순 30명, 상품 구입회원 대상

③ 아이템 협의 및 상품 협의
• 이벤트명 / 기획전명 / 메인 카피 / 개요
• 기대 효과 / 예상 매출 / 예상 비용
• 경품 내역 / 지급일
• 할인가, 무이자, 사은품, MD 추천상품, 총 상품수
(예) 추석맞이 선물 기획전, 신규 회원 30% 할인 행사

유튜브 쇼핑 이해

온라인 사업 이해

시스템 구축

상품 관리

운영 관리

유튜브 광고

지속적 운영

④ 이벤트/기획전 기획
- 이벤트명/기획전명/메인 카피/메인 상품/메인 UI
- 예상 지출 및 경품 내역
- 기획전 운영 기간 및 위치
- 홍보 계획

⑤ 디자인 의뢰 및 개발
- 이벤트/기획전 등록
- 이벤트/기획전명/메인 카피/메인 상품/메인 UI

⑥ 이벤트/기획전 상품 전시 및 기간 설정
- 이벤트/기획전 등록
- 이벤트/기획전 상품 등록 및 진열

⑦ 이벤트/기획전 홍보
- 자사 사이트에서 이벤트 페이지, 이벤드 배너를 꾸며 홍보
- SMS 홍보, 카톡 홍보, 이메일 홍보
- 유튜브, 인스타그램, 블로그, 카페 등 홍보
- 키워드 광고, 이미지 광고 클릭 시 이벤트 페이지로 연결

⑧ 이벤트/기획전 결과 분석
- 주문건수, 결제건수, 매출액
- 페이지뷰, 방문자 클릭스, CTR

이제 이벤트/기획전 체크리스트를 참고하여 기획전을 기획한 후에 쇼핑몰 관리자에서 기획전을 설정해 봅시다.

01 쇼핑몰 관리자 페이지에서 [상품] 항목의 [분류 관리]를 클릭하고 기획전 분류 관리 화면으로 이동하면 기획전을 등록할 수 있습니다. 기획전 분류 관리 화면에서 [대분류추가] 버튼을 클릭하여 기획전명을 입력합니다.

기획전 분류 정보

현재분류	2024 추석 기획전
분류URL	https://ssuceo.cafe24.com/product/project.html?cate_no=178
분류명 필수	2024 추석 기획전 [****] ← ❶ 클릭하여 입력
분류설명	
표시상태	☑ **한국어 쇼핑몰** 기본　　☐ 진심스토어　　☐ 함께 걷는 진수샘 - 표시할 쇼핑몰을 선택하세요.

02 앞에서 설정한 기획전에 상품을 추가하기 위해 기획전 진열 관리 화면으로 이동합니다. 기획전 분류 선택 항목에서 앞에서 설정한 [추석 기획전]을 선택하고 상품 진열을 위해 [상품추가] 버튼을 클릭합니다.

유튜브 쇼핑 이해

온라인 사업 이해

시스템 구축

상품 관리

운영 관리

유튜브 쇼핑

지속적 운영

03 [상품추가] 버튼을 클릭하면 아래와 같이 상품추가 화면이 나옵니다.

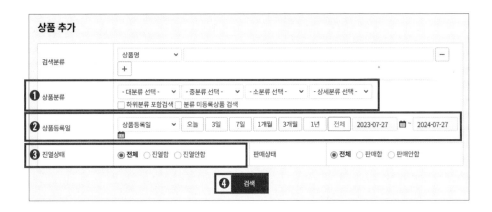

❶ 기획전에 추가할 상품 분류를 선택합니다.   ❸ 상품 진열 상태를 선택합니다.

❷ 상품등록일 기간을 설정합니다.   ❹ [검색] 버튼을 클릭하면 상품이 검색됩니다.

04 검색된 상품 중에서 기획전에 추가할 상품을 선택합니다. 검색된 상품의 판매 상태를 확인해 보면 자사몰과 유튜브 이름이 동시에 나오는 것을 볼 수 있습니다. 기획전을 진행할 때 유튜브에서도 홍보하기 위해 유튜브 쇼핑에도 노출된 상품을 추가하는 것을 추천합니다.

❶ 판매 상태를 확인하여 자사몰과 유튜브 쇼핑에 동시에 진열된 상품인지를 확인합니다.

❷ 기획전을 진행할 상품을 선택합니다.

❸ [선택] 버튼을 클릭하여 상품 선택을 완료합니다.

유튜브 쇼핑 이해

온라인 사업 이해

시스템 구축

상품 관리

운영 관리

유튜브 광고

지속적 운영

05 기획전 상품 진열관리 화면으로 선택한 상품이 넘어오는 것을 볼 수 있습니다. 최종적으로 상품을 선택하고 [확인] 버튼을 클릭하면 기획전 설정이 완료됩니다.

❶ 기획전에 진열할 상품을 확인하고 상품을 체크합니다.
❷ [확인] 버튼을 클릭하여 기획전 진열을 완료합니다.

<성공적인 기획전을 위해 꼭 기억할 것>

- **시즌 및 트렌드 반영**: 계절, 연휴, 특별한 이벤트 등을 고려하여 기획전을 구성합니다.
- **고객 참여 유도**: 이벤트, 경품 증정 등을 통해 고객 참여를 유도합니다.
- **개인화 마케팅**: 고객의 구매 이력 및 관심사를 분석하여 맞춤형 상품을 추천합니다.
- **A/B 테스트**: 다양한 기획전 방식을 테스트하여 효과적인 방식을 찾습니다.

③ 팝업창

팝업창은 쇼핑몰에서 각종 공지 및 이벤트 정보를 효과적으로 홍보하기 위하여 필요한 기능 중에 하나입니다. 팝업창 설정은 쇼핑몰 관리자 페이지의 앱 설정 항목에서 할 수 있습니다.

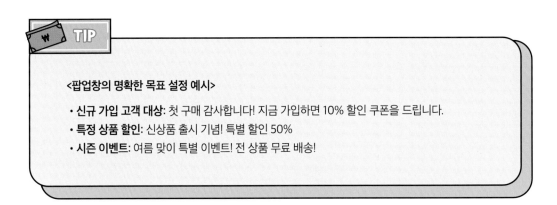

<팝업창의 명확한 목표 설정 예시>
- **신규 가입 고객 대상:** 첫 구매 감사합니다! 지금 가입하면 10% 할인 쿠폰을 드립니다.
- **특정 상품 할인:** 신상품 출시 기념! 특별 할인 50%
- **시즌 이벤트:** 여름 맞이 특별 이벤트! 전 상품 무료 배송!

<u>01</u> 팝업창을 설정하기 위해 쇼핑몰 관리자 페이지에서 [앱] 메뉴를 클릭합니다.

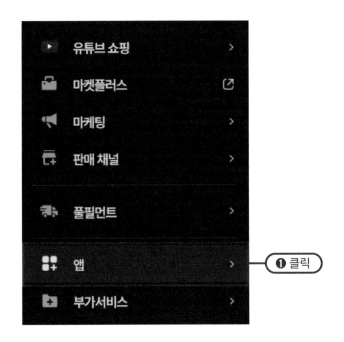

02 [마이 앱] 메뉴를 클릭한 뒤 스마트 팝업 관리 항목에서 [관리하기] 버튼을 클릭합니다.

03 팝업 목록이 나옵니다. 팝업 목록 항목에서 [팝업 등록] 버튼을 클릭합니다.

04 팝업 등록 화면에서 항목별로 설정한 후에 [저장] 버튼을 클릭하면 팝업창 설정이 완료됩니다.

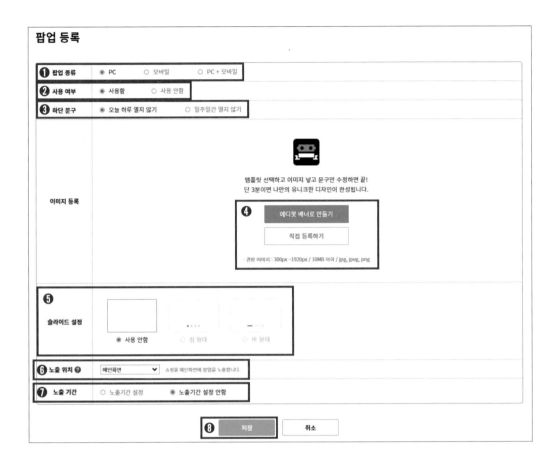

❶ 팝업 노출 기기를 선택합니다. PC, 모바일, PC + 모바일 중에 선택할 수 있습니다.

❷ 사용 여부를 선택합니다. 팝업을 제작한 후에 띄우지 않을 때는 [사용 안함]을 선택합니다.

❸ 팝업 하단 문구를 [오늘 하루 열지 않기]와 [일주일간 열지 않기] 중에 선택할 수 있습니다.

❹ 이미지 등록은 두 가지로 할 수 있습니다. [에디봇 배너로 만들기]를 통해 카페24에서 제공한 에디터로 팝업을 쉽게 만들 수 있습니다. 다른 디자인 프로그램에서 팝업을 만든 경우 [직접 등록하기] 버튼을 클릭합니다. 에디봇 배너를 만들 경우, 배너 만들기 창에 접속한 후에 배너를 제작하고 [적용하기] 버튼을 클릭하면 배너가 등록됩니다.

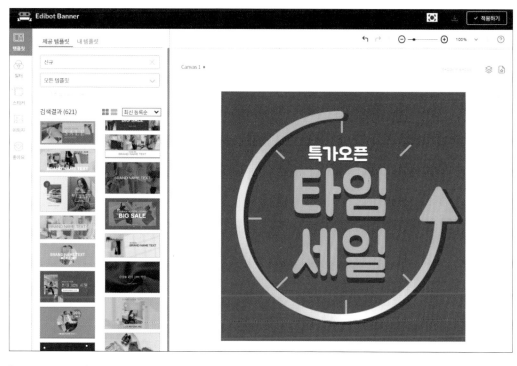

[에디봇 디자인 편집창]

❺ 팝업을 여러 장으로 설정할 경우 슬라이드 유형을 점, 바 형태 중에 선택할 수 있습니다.

❻ 노출 위치를 설정할 수 있습니다. 메인화면 장바구니 및 상세페이지 등 다양한 곳에 노출할 수 있습니다.

❼ 노출 기간을 설정할 수 있습니다.

❽ [저장] 버튼을 클릭하여 팝업 설정을 완료합니다.

3 ▶ 마케팅팀 업무

쇼핑몰 관리자 페이지의 다양한 마케팅 도구를 활용하여 쇼핑몰을 더욱 활성화시킬 수 있습니다. 프로모션, 회원 등급 관리, 판매 채널 등 다양한 요소들을 효과적으로 활용하여 쇼핑몰 매출 증대 및 고객 충성도 향상을 이끌어낼 수 있는 전략들을 자세히 알아보겠습니다.

❶ 프로모션을 통한 매출 증대

쇼핑몰 관리자 페이지를 통해 다양한 프로모션을 기획하고 실행할 수 있습니다.

❶ 할인 쿠폰
신규 가입 고객, 특정 상품 구매 고객 등을 대상으로 할인 쿠폰을 발급하여 구매를 유도할 수 있습니다.

❷ 적립금 지급
구매 금액의 일정 비율을 적립금으로 지급하여 재구매를 유도하고, 고객 충성도를 높일 수 있습니다.

❸ 묶음 상품 할인
여러 상품을 함께 구매할 경우 할인 혜택을 제공하여 평균 주문 금액을 높일 수 있습니다.

❹ 타임 세일
특정 시간대에만 할인된 가격으로 상품을 판매하여 긴박감을 조성하고, 구매를 유도할 수 있습니다.

❺ 사은품 증정
특정 금액 이상 구매 시 사은품을 증정하여 고객 만족도를 높일 수 있습니다.

❻ 1+1 이벤트

하나를 구매하면 하나를 더 제공하는 증정 이벤트를 통해 구매를 유도할 수 있습니다.

증정 혜택 적용 실습

01 프로모션을 적용하기 위해 [쇼핑몰 관리자 페이지]-[프로모션] 항목-[고객 혜택 관리]
메뉴의 [혜택 등록]을 클릭합니다. 혜택 등록 화면에서 단계별로 옵션을 선택합니다.

❶ 진행여부를 [진행함]으로 설정합니다.

❷ 혜택 구분에서 [증정] 메뉴를 선택합니다.

❸ 혜택 유형에 사은품 증정과 1+N 이벤트가 있습니다. 1+1 행사를 진행하기 위해 1+N을
선택합니다.

❹ 혜택명에 1+1 이벤트를 입력합니다.

02 기간 설정, 사용범위, 참여대상 및 조건 설정 항목에 맞게 설정합니다.

조건 설정		
기간 설정 **❶**	◉ 사용함 ○ 사용안함 2024-07-27 📅 00 ∨ 시 00 ∨ 분 ~ 2024-08-31 📅 23 ∨ 시 55 ∨ 분	
사용범위 설정 필수 **❷**	☑ PC쇼핑몰 ☑ 모바일쇼핑몰	
참여대상 설정 **❸**	◉ 회원 + 비회원 ○ 회원 ○ 비회원	
상품범위 설정 ❓ **❹**	◉ 전체상품 ○ 특정상품 ○ 제외상품 ○ 상품분류	
첫 구매 여부 ❓ **❺**	☑ 첫 구매인 경우에만 사은품을 제공함 · 첫 구매 기준 ◉ 주문 기준 ○ 배송 기준(배송완료)	
구매가격 범위 ❓ 필수 **❻**	☑ 최대 가격 제한없음 0 KRW 이상 일때 사은품 제공	

❶ 이벤트 시작 기간과 이벤트 종료 기간을 설정합니다.

❷ 이벤트를 PC와 모바일에 모두 적용하기 위해 PC와 모바일을 모두 선택합니다.

❸ 참여대상을 설정합니다. 회원, 비회원, 회원+비회원 설정을 할 수 있습니다.

❹ 이벤트를 진행할 상품 범위를 설정할 수 있습니다.

❺ 첫 구매 고객에게만 사은품을 제공하게끔 설정할 수 있습니다. 첫 구매 기준을 주문 기준과 배송 기준으로 구분하여 설정할 수도 있습니다.

❻ 구매가격 범위를 설정할 수 있습니다. 최소 가격부터 최대 가격을 입력하여 설정할 수 있습니다.

03 혜택 설정을 적용할 상품을 설정하는 화면입니다. [상품추가] 버튼을 클릭하여 상품을
선택할 수 있습니다. 다중 선택 가능합니다.
아래는 [상품추가] 버튼을 클릭하면 나오는 화면입니다. 혜택을 적용할 상품을 선택하
고 [선택] 버튼을 클릭하면 상품이 등록됩니다.

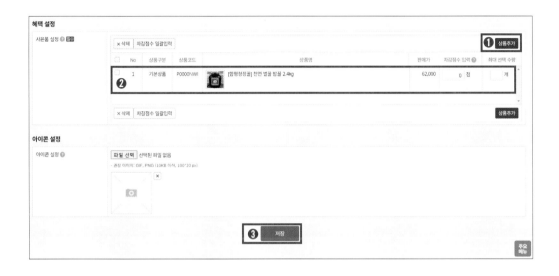

❶ [상품추가] 버튼을 클릭한 후에 혜택을 제공할 상품을 클릭하여 상품을 추가합니다.
❷ 상품이 추가된 것을 볼 수 있습니다.
❸ [저장] 버튼을 클릭하여 혜택을 등록합니다.

② 판매 채널 이해

쇼핑몰 관리자의 판매 채널을 통해 페이스북, 구글, 유튜브, 틱톡, 네이버, 카카오를 연동하여 상품 판매 및 홍보를 하며 매출을 증가시킬 수 있습니다.

카페24의 판매 채널 기능을 적극적으로 사용해 보세요. 쇼핑몰 관리자를 사용하면 페이스북, 구글, 유튜브, 틱톡, 네이버, 카카오 등 다양한 채널을 유기적으로 연결하여 통합적인 시각에서 관리할 수 있어 시너지 효과를 낼 수 있습니다. 데이터 기반 의사 결정을 통해 효율적인 마케팅 전략을 수립하고, 고객 경험 향상을 위해 각 채널에서 일관된 브랜드 이미지를 구축하세요. 또한, 각 채널의 특성을 활용하여 맞춤형 콘텐츠를 제작하고, 타겟 고객에게 효과적으로 노출하여 매출 증대를 이끌어낼 수 있습니다.

❶ 페이스북

페이스북에 쇼핑몰을 홍보하고 제품을 연동하기 위한 설정을 할 수 있습니다. 페이스북 채널에서 페이스북과 인스타그램에 관한 모든 서비스를 관리할 수 있습니다.

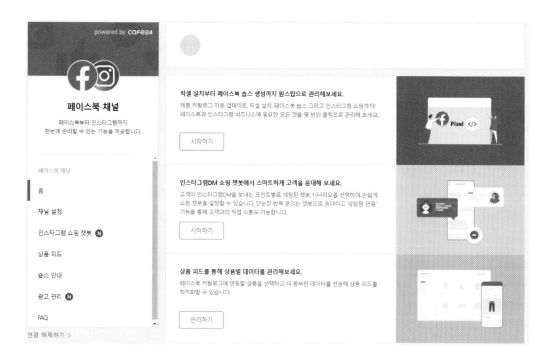

Q. 자체 페이스북 숍스를 운영 중인 상태에서 페이스북 채널을 통해 상품 피드를 연동하면 기존에 등록된 상품은 어떻게 되나요?

A. 자체적으로 페이스북 숍스에서 수동 등록하여 운영 중인 상태에서 카페24 페이스북 채널 내 상품피드 연동을 사용할 경우, 기존 연결된 상품 및 연결 방식을 해제하지 않으면 상품이 중복 등록될 수 있습니다. 기존 카탈로그에 업데이트한 제품은 직접 삭제를 해야 합니다. 자체적으로 수동 등록 혹은 카탈로그 연결 후 해당 상품으로 카탈로그 광고 혹은 제품 태그를 등록했다면 문제가 발생할 수 있습니다. 꼭 영향이 있는지 확인 후 삭제 및 등록해 주세요.

❷ 구글 채널

전 세계 사용자가 사용하는 구글 서비스에 상품을 노출하고 판매할 수 있는 서비스를 제공합니다. 구글 검색에 쇼핑몰을 최적화하여 더 잘 검색되도록 설정할 수 있으며, 구글 계정으로 쇼핑몰 로그인을 설정할 수 있습니다.

구글 로그인을 하고 인증을 받으면 아래 화면과 같이 "구글 채널 사용을 위한 구글 머천트 센터의 요구 사항을 충족하였습니다."라는 메시지가 나오는 것을 확인할 수 있습니다.

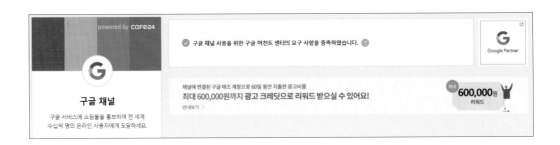

❸ 유튜브 쇼핑

운영하는 유튜브 채널과 연동하여 전 세계 수십억 명의 시청자에게 상품을 홍보하고 판매할 수 있습니다.

❹ 틱톡 채널

틱톡 채널 서비스를 사용하여 전 세계 수백만 명의 틱톡 사용자에게 쇼핑몰을 홍보하고 상품을 판매할 수 있는 기능을 제공합니다.

Q. 틱톡 픽셀(Pixel)은 무엇인가요?

A. 틱톡 픽셀(Pixel)은 새로운 고객을 찾고, 캠페인을 최적화하고, 광고 성과를 측정하기 위해 웹사이트에 포함하는 코드입니다. 픽셀을 사용하면 페이지 보기 또는 구매 등의 웹사이트 방문자 작업을 추적하고 오디언스 세그먼트를 생성하여, 이전 사이트 방문자들의 재방문을 유도하거나 유사 오디언스를 모델링하여 새로운 고객을 찾을 수 있습니다.

❺ 네이버

네이버 쇼핑은 네이버 이용자와 네이버 쇼핑에 입점한 쇼핑몰 간의 편리한 연결을 위해 상품검색, 카테고리 분류, 가격 비교, 쇼핑 콘텐츠 등을 제공하는 쇼핑포털 서비스입니다. 네이버 쇼핑에 입점하면 네이버 쇼핑에서 상품 광고, 판매 및 쇼핑몰 홍보를 할 수 있습니다.

❻ 카카오

카카오의 카카오비즈니스는 쇼핑몰 운영에 도움이 되는 카카오의 다양한 서비스를 한번에 설정할 수 있는 메뉴입니다. 카카오에서 제공하는 간편 설정 또는 직접 설정 팝업을 통해 카카오비즈니스 서비스를 쉽고 빠르게 설정할 수 있습니다.

Q. 톡체크아웃 서비스란 무엇인가요?

A. 쇼핑몰 회원가입 없이 카카오 계정에 입력된 정보로 간편하고 빠르게 구매할 수 있게 해 주는 카카오 비즈 도구입니다.

<톡체크아웃 서비스 특장점>

① 4,500만 유저에게 상품을 노출할 수 있습니다.

카카오톡 채널에 상품과 아이콘을 노출하여 많은 트래픽과 방문자 증대 효과를 얻을 수 있습니다.

② 간편한 구매 경험으로 구매 전환을 유도합니다.

카카오페이 버튼 하나로 회원과 비회원 구매 둘 다 확보할 수 있는 유일한 서비스입니다.

③ 효과적인 마케팅으로 판매 부스팅이 가능합니다.

구매와 동시에 채널 친구를 빠르게 확보하고, 구매 이력과 관심 정보 기반으로 맞춤 타게팅이 가능합니다.

④ 카카오페이 포인트 적립 혜택으로 구매 수가 증가합니다.

고객이 톡체크아웃 가맹점에서 카카오페이로 결제 시, 상품 구매 금액의 1%를 '카카오페이 포인트'로 적립합니다. 카카오가 무료로 제공하는 기본 적립 혜택과 함께 비회원 고객의 구매 수 증가 효과를 얻을 수 있습니다. (적립률 및 적립 기간은 변동될 수 있음)

체크해 보세요

유튜브 쇼핑에 판매할 제품이 없다면 물류대행 서비스인 풀필먼트 서비스를 사용하면 됩니다. 카페24 관리자 페이지의 [풀필먼트] 메뉴를 클릭하면 아이템 소싱부터 자동 배송 처리 시스템까지 연동할 수 있는 앱 기능을 제공하고 있습니다.

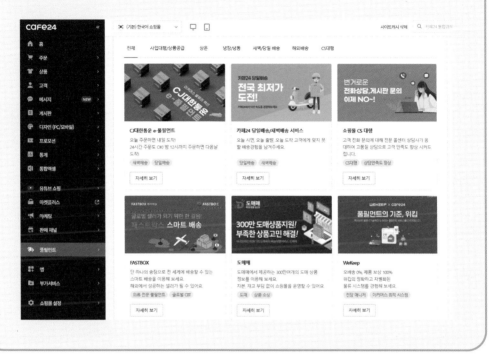

QnA

Q. 풀필먼트사와의 계약은 어떻게 진행되나요?

A. 풀필먼트 메뉴에서 희망하는 기업을 선택하면 하면 [설치하기] 버튼이 나옵니다. [설치하기] 버튼을 누르면 쇼핑몰에 설치하고 계약을 진행하여 풀필먼트 시스템을 사용할 수 있습니다.

Q. 동대문 의류도 풀필먼트가 가능한가요?

A. 패스트박스, 글로박스에서 동대문 사입 검품 서비스와 풀필먼트 서비스를 제공하고 있습니다.

마켓플러스를 통한 마켓 확장

유튜브 쇼핑으로 시작해서 다른 오픈마켓으로 확장하려고 할 때 마켓플러스 기능을 활용하면 원클릭으로 상품 전송 및 배송 관리를 할 수 있습니다.

1 ▸ 마켓플러스 서비스 이해

마켓플러스는 국내/외 오픈마켓, 소셜커머스, 전문몰 등 다양한 판매 채널들을 한 곳에서 효율적으로 운영 및 관리가 가능한 통합운영 솔루션입니다.

신규 판매 채널 및 운영에 필요한 상품, 주문, 재고, 통계 등의 요소들은 지속적으로 개선 및 추가하고 있으며, 카페24 회원이라면 누구에게나 '무료'로 제공됩니다!

마켓플러스 서비스의 장점

- 여러 오픈마켓의 상품/주문/배송 관리를 하나의 서비스에서 제공합니다.
- 모든 마켓 상품을 한번에 등록하고 수정할 수 있습니다.
- 모든 마켓의 주문을 통합관리할 수 있습니다.
- 마켓 상품들을 쇼핑몰로 불러와 마켓플러스에서 관리할 수 있습니다.

[마켓플러스 화면]

2 > 마켓플러스 접속 및 핵심 기능 이해하기

쇼핑몰 관리자 페이지에서 [마켓플러스] 메뉴를 클릭합니다. 마켓플러스 관리 전용 화면이 나타납니다.

마켓플러스 메인 화면에서 상품, 주문, 문의 현황에 대한 수치를 수시로 확인할 수 있습니다. 처리가 필요한 업무는 먼저 확인할 수 있도록 메인 화면에 모아 놓았습니다.

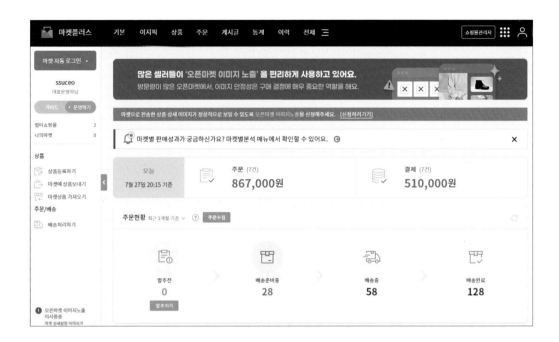

❶ 상품관리 + 주문관리

마켓플러스에서 상품관리는 물론 주문관리도 가능합니다. 또한 주문수집, 전체주문조회, 배송관리, 매출분석 기능도 제공합니다.

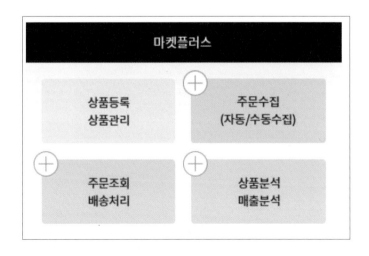

❷ 하나의 메뉴에서 통합관리

　마켓상품관리 메뉴에서 승인, 판매 중, 판매중지, 종료 등 모든 상태의 상품을 조회 및 관리할 수 있습니다.

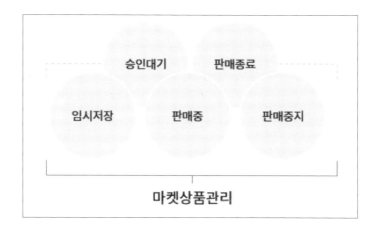

❸ 오픈마켓에서 가져온 상품을 자사몰, 유튜브 쇼핑, 타 오픈마켓으로 바로 공유 가능

　[마켓플러스] – [상품] – [마켓상품가져오기] 메뉴에서 기능을 제공합니다.

오픈마켓에 상품을 먼저 올려서 판매하고 있었다면 오픈마켓 상품을 가져와서 자사몰 및 타 오픈마켓으로 연동하여 판매를 바로 시작할 수 있습니다. 아래 예시를 보면 스마트스토어, G마켓, 11번가 등에서 판매하고 있는 상품을 마켓플러스로 가져와서 무신사, 톡스토어, 쇼피로 보내고 있는 모습입니다.

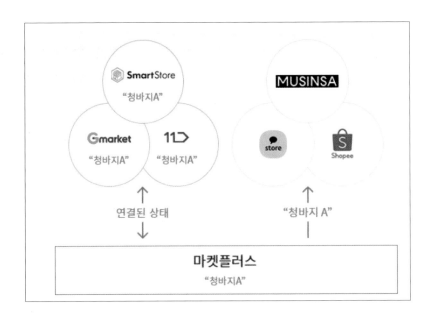

이제부터는 이 모든 마켓을 마켓플러스에서 한번에 관리하면 됩니다.

내 채널이 상점이 되는 유튜브 쇼핑

상품 가져오기의 세 가지 방식

- **전체 가져오기:** 상품을 가져오기로 선택한 마켓 계정에 판매 중으로 등록되어 있는 전체 상품을 가져오는 기능입니다.
- **부분 가져오기:** 상품을 가져오기로 선택한 마켓 계정에 판매 중으로 등록되어 있는 상품들 중 지정한 마켓상품코드의 상품만 가져오는 기능입니다.
- **엑셀 가져오기:** 상품을 가져오기로 선택한 마켓 계정에 판매 중으로 등록되어 있는 상품들의 엑셀 정보를 통해 가져오는 기능입니다. 한번에 최대 1,000개까지 가능합니다.

❸ 마켓으로 상품 편리하게 보내기

[마켓플러스] – [상품] – [마켓으로보내기] 메뉴에서 기능을 제공합니다.

마켓으로 상품을 보낼 때 최근 전송했던 상품으로 카테고리를 선택할 수 있습니다. 선택한 템플릿 정보를 조회하거나 수정할 수 있습니다.

❹ 자동 로그인 기능

연동 중인 마켓으로 바로 로그인할 수 있습니다. [마켓 자동 로그인] 메뉴는 좌측 상단에 고정되어 있으며 원클릭으로 해당 마켓의 관리자로 접속이 됩니다.

유튜브 쇼핑 이해

온라인 사업 이해

시스템 구축

상품 관리

운영 관리

유튜브 광고

지속적 운영

❺ 에디봇 활용

에디봇을 활용하여 클릭 몇 번으로 완성하는 상세페이지, 인공지공 에디터 기능을 제공합니다.

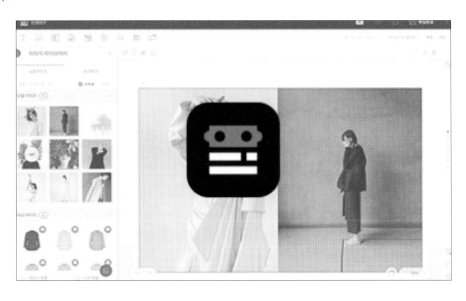

❻ 전체 주문 목록

[전체 주문 목록]은 연동된 마켓의 주문 현황을 한눈에 볼 수 있도록 모아 놓은 곳입니다. 이 메뉴에서 주문을 확인하고 바로 배송처리를 할 수 있습니다.

❼ 통계

마켓별 통계를 분석하여 판매 성과를 알려줍니다. 오늘의 주문량, 어제 대비 현재 현황, 1년 전과 비교하여 분석 결과를 정밀하게 알려줍니다.

Q. 통계 메뉴의 데이터를 부가가치세 신고자료로 활용할 수 있나요?

A. 통계 메뉴의 데이터는 부가가치세 신고 자료로 활용할 수 없습니다. 그 이유는 실제 결제일과 PG사 정산일이 다르기 때문입니다. 실제 결제일(환불일)과 처리일이 다르기 때문에 이 과정에서 통계 데이터와 부가가치세 신고를 위한 정산 사이에 차이가 날 수 있습니다.

마케팅을 위한 쇼핑몰 접속 통계 이해

온라인 쇼핑몰을 운영할 때는 고객들의 구매 성향이나 방문 패턴 등을 파악하는 것이 중요합니다. 이를 위해 카페24에서는 접속통계 서비스를 제공하고 있습니다. 하루에 몇 명이나 쇼핑몰을 방문하는지, 주로 찾는 요일이나 시간대는 언제인지, 많이 구매하는 상품은 무엇인지, 어떤 페이지에 오래 머무는지 등을 파악할 수 있으면 보다 효율적인 마케팅과 광고 계획을 세울 수 있습니다.

	마케팅	방문자 증가	회원 전환	고객 유지
운영	온라인 광고 검색 엔진 E-메일 마케팅	방문객 증가	회원 전환 상품 구매 상담 요청	재방문 유도 뉴스레터 발송 이벤트 참여
접속 통계	광고 효과 분석 방문 경로 분석 페이지 분석	접속수 분석 방문자 분석 콘텐츠 분석	매출 분석 구매자 분석 상품 분석 이동 경로 분석 장바구니 분석 구매 패턴 분석	접속수 분석 방문자 분석 구매자 분석

[쇼핑몰 운영과 접속 통계 활용]

❶ 히트

방문자가 웹사이트를 접속했을 때 연결된 파일의 숫자를 말하는 것으로 한 페이지를 선송할 때 그 안에 포함된 그래픽, HTML 등의 모든 파일을 히트로 계산하고 있습니다.

❷ 페이지 뷰(Page View)

방문자가 웹사이트에 접속하여 본 페이지의 전체 수입니다. 예를 들어 한 명의 방문객이 [메인 페이지] → [FAQ 페이지] → [회사 소개 페이지]를 보았다면 페이지 뷰는 3이 됩니다. 즉, 방문자들이 웹사이트에 방문하여 열어 본 페이지 수의 합을 말합니다. 페이지 뷰는 사이트 전체 페이지에 대한 결과를 보여 주는 전체 페이지 뷰와 개별 페이지의 페이지 뷰를 보여 주는 개별 페이지 뷰가 제공됩니다.

❸ Session Visits

한 시간 내에 다시 같은 사이트를 방문한 경우는 새로운 방문으로 인정하지 않고, 1시간을 초과한 후에는 같은 사용자가 같은 사이트를 다시 방문해도 새로운 방문으로 인정합니다.

❹ 방문자 수(Unique Visitor)

정해진 기간, 즉 하루, 1주, 1달 단위의 방문자 수입니다. 한 사람이 정의된 기간에 여러 번 방문해도 한 사람으로 집계됩니다.

❺ 세션

방문자 수는 실제 방문한 총인원 수를 가리키는 것이 아니라 사이트 내에서 일정 시간(30분) 동안 지속적인 움직임이 있었던 활동을 하나의 단위(Session)로 하여 그 수를 측정한 것입니다.

❻ 체류시간(Duration Time)

웹사이트에서 방문자가 얼마의 시간 동안 머무르는지를 나타내는 지표입니다.

유튜브 쇼핑 이해

온라인 시장 이해

시스템 구축

상품 관리

운영 관리

유튜브 광고

지속적 운영

❼ 1인당 페이지 뷰

정의된 기간 동안 방문자 한 사람이 열람한 페이지 수를 말합니다.

❽ 방문자 깊이

정해진 기간 동안의 페이지 뷰를 방문한 방문자 수로 나눈 비율입니다.

❾ 유출입 사이트

정의된 기간 기준 사이트 방문 직전 방문 사이트와 방문 이후 이동한 사이트를 페이지 뷰를 기준으로 측정하여 비율로 나타내는 지표입니다.

❿ 유입 상세 URL

정의된 기간 설정된 사이트들에 방문하기 직전 사이트 URL을 페이지 뷰 기준으로 측정하여 비율로 나타내는 지표입니다.

⓫ 이동 경로

정의된 기간 사이트 내에서 지정된 페이지의 이전, 이후의 방문자 경로를 페이지 뷰 기준으로 측정하여 비율로 나타내는 지표입니다.

TIP

① 사이트 내 고객 행태지표

- 누가 방문했는가: 방문자 분석
- 얼마나 많이 방문했는가: PV, UV, Duration time
- 어떤 경로를 통해 방문했는가: 유입경로 분석
- 우리 사이트에서 무엇을 하였는가: 전환율

② 광고 효과 지표

- 몇 번의 광고가 노출되었는가: 노출(Impression)
- 몇 번의 클릭이 발생하였는가: 클릭(Click)
- 실제 클릭 비용은 얼마인가: 클릭당 비용(PPC or CPC)
- 클릭을 통해 상품의 구매는 얼마나 발생하였는가: 전환율(CVR)

2 ▶ 접속 통계 활용 예

쇼핑몰 접속 통계를 알아보기 위해 통계 메뉴에서 [접속통계]를 클릭합니다.

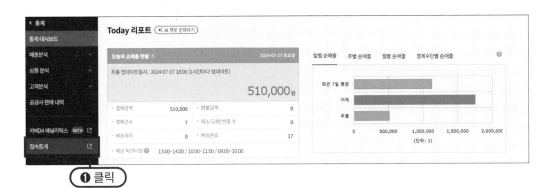

❶ 클릭

접속통계 화면이 나오는 것을 볼 수 있습니다. 접속통계에는 세부적으로 많은 메뉴가 있으며 가장 많이 사용하는 메뉴에 대해 알아보겠습니다.

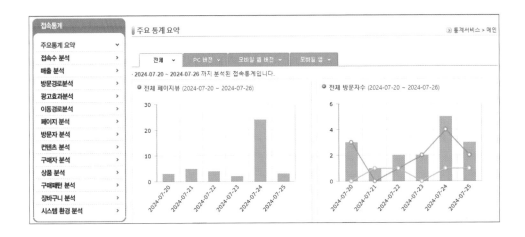

❶ 접속수 분석 → 페이지 뷰

검색 기간 내에 방문자가 웹사이트에 접속하여 본 페이지의 전체 수입니다. 페이지 뷰는 사이트 전체 페이지에 대한 결과를 보여 주며, 한 방문자가 동일 페이지를 다시 접속할 때 카운트가 증가합니다.

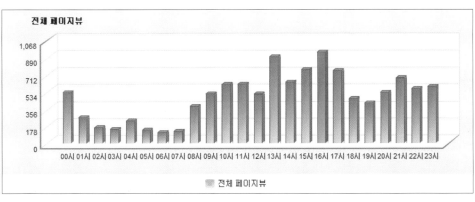

[전체 페이지뷰 통계 화면]

사용자들이 주로 접속하는 시간대를 파악해 광고 집행이나 이벤트에 따른 트래픽의 변화를 파악할 수 있습니다. 또한, 현재 페이지 뷰 추세를 통해 어떤 시점에서의 미래 결과값 예측 등으로도 활용할 수 있습니다. 방문당 페이지 뷰가 높을수록 대체로 사용자의 사이트 체류시간도 길며 상품이나 콘텐츠에 비교적 높은 관심을 나타냅니다.

❷ 접속수 분석 → 전체 방문자

(처음 방문 + 재방문자)로 사이트에 동일한 IP가 60분 이내 간격으로 여러 번 방문하는 경우 방문자로 집계하지 않습니다. 단, 같은 날 다른 시간대에 동일 IP로 접근하게 되면 전체 방문자 수는 증가합니다.

[전체 방문자 통계 분석]

• **처음 방문:** 사이트에 처음 접속한 IP인 경우에 집계됩니다.

- **재방문:** IP를 기준으로 방문한 적이 있거나, 방문 간격이 60분을 초과하는 경우 재방문자로 집계합니다.

- **재방문자 수가 높은 경우:** 사이트 충성도가 비교적 높은 방문객들이 많으며 사용자가 사이트가 제공하는 정보에 대한 만족감이 비교적 큰 경우입니다. 또는 재방문을 유도하는 활동(뉴스레터 등)을 했거나 특정한 콘텐츠를 지속적으로 제공하는 경우입니다. 주로 커뮤니티의 성격이 강한 경우에 많이 나타납니다.

- **재방문자 수가 점점 감소하는 경우:** 웹사이트의 로딩 시간이 길거나 원하는 콘텐츠(정보, 상품)를 찾기가 어려운 경우입니다.

- **신규 방문자 수가 많은 경우:** 사이트 충성도가 비교적 낮은 방문객들이 많으며 광고나 이벤트를 통해 초기 방문자를 많이 유치한 경우입니다. 주로 웹사이트가 시작 단계일 때 나타납니다. 초기 방문자를 계속 유입하되 이들의 충성도를 높이는 다양한 노력이 필요합니다.

❸ 콘텐츠 분석 → 사이트 체류시간

　(종료 페이지 접속시간 – 시작 페이지 접속시간)으로 처음 페이지 접속 이후 페이지 이동이 없는 경우 모두 1분 미만으로 표시됩니다.

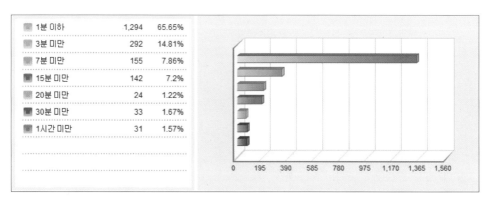

[사이트 체류시간 접속 통계]

　사이트 체류시간이 길수록 상품이나 콘텐츠에 비교적 높은 관심이 있다고 할 수 있습니다. 주로 커뮤니티 서비스에서 길게 나타납니다.

❹ 접속수 분석 → 시간대별 평균 접속 수

선택한 기간 동안 어느 시간대에 페이지 뷰가 높았는지, 방문 수가 많았는지를 비교하여 분석할 수 있습니다.

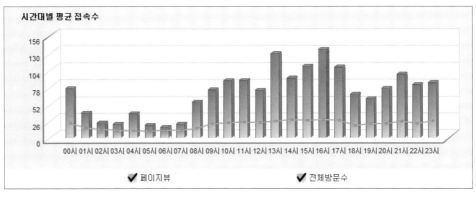

[시간대별 평균 접속 수 접속 통계]

사용자들이 많이 접속하는 주 시간대에는 광고나 이벤트를 집중적으로 진행해 효과를 더욱 높일 수 있습니다. 또한 사이트 점검 등 일시적으로 운영을 중단할 경우, 방문 수가 가장 적은 시간대를 선택해 작업하면 고객의 불만을 최소화할 수 있습니다.

❺ 방문자 분석 → 방문 횟수별 분석

1회 방문이란 일별로 최초 방문자이며, 재방문자에 대해 2회, 3~5회, 6~9회, 10회 이상 방문으로 나누어 각 방문자와 비율을 표현합니다.

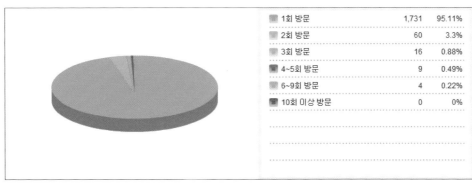

[방문 횟수별 분석 통계 화면]

- **방문 횟수가 많은 경우:** 신규 방문자보다 기존 방문자의 활동이 더욱 왕성한 것으로 해석되어 충성도 높은 고객이 많다고 볼 수 있습니다.

- **방문 횟수가 적은 경우:** 이벤트 등으로 초기 방문자를 많이 유치한 경우에 많이 나타납니다. 또는 웹사이트 운영을 시작한 지 얼마 안 되었을 수도 있습니다. 따라서 유입한 방문자를 계속 방문하도록 충성도를 높이는 노력이 필요합니다. 만약 오래된 웹사이트인데도 방문 횟수가 적다면 웹사이트에 방문자를 지속할 만한 콘텐츠를 더 보강하거나 아니면 사이트 구성을 재검토해 볼 필요가 있습니다.

❻ 이동 경로 분석 → 방문 경로 깊이
방문객이 사이트 내에서 이동한 페이지의 수를 경로 깊이로 분류하여 나타냅니다. 각(1페이지, 2~4페이지, 5~9페이지, 10~20페이지, 21페이지 이상) 항목별로 방문자 수와 차지하는 비율이 나타납니다.

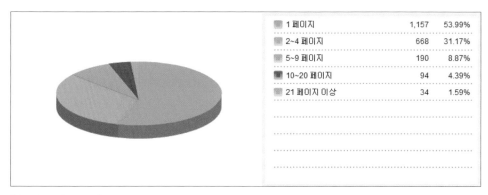

1 페이지	1,157	53.99%
2~4 페이지	668	31.17%
5~9 페이지	190	8.87%
10~20 페이지	94	4.39%
21 페이지 이상	34	1.59%

[방문 경로 깊이 접속 통계]

- **이동 경로가 많은 경우:** 사용자가 비교적 편리하게 귀하의 웹사이트를 이동하고 있다고 할 수 있습니다.

- **이동 경로가 적은 경우:** 사용자가 불편해서 귀하의 사이트를 그냥 나가 버렸을 가능성이 있습니다. 이런 때는 웹사이트의 디자인 변경, 콘텐츠 배치 변경 및 보강, 페이지 추천 등을 사용자에게 제공하는 것도 한 가지 방법이라고 할 수 있습니다.

❼ 방문자 분석 → 다시 찾아온 방문자

전체 방문자 중 IP 기준에 의한 재방문에 대한 방문 간격을 분석합니다.

[1일 만에 재방문 / 2~5일 만에 재방문 / 6~10일 만에 재방문 / 11~15일 만에 재방문 / 16~30일 만에 재방문 / 1개월~3개월 만에 재방문 / 3개월 이후 만에 재방문]으로 나뉘어 표기됩니다.

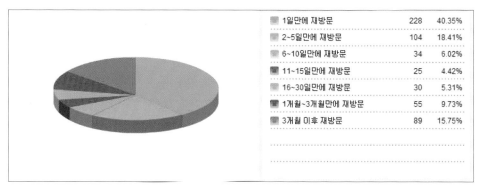

	횟수	비율
1일만에 재방문	228	40.35%
2~5일만에 재방문	104	18.41%
6~10일만에 재방문	34	6.02%
11~15일만에 재방문	25	4.42%
16~30일만에 재방문	30	5.31%
1개월~3개월만에 재방문	55	9.73%
3개월 이후 재방문	89	15.75%

[다시 찾아온 방문자 접속 통계]

경과일이 적을수록 자주 방문하는 것이기 때문에 웹사이트에 친숙한 사용자가 많다고 할 수 있습니다. 하지만, 경과일이 커지면서 전체 방문자의 수가 같거나 줄어든다면 웹사이트가 방문자에게 특별한 메리트를 주지 못하는 것으로 위험 신호라고 볼 수 있습니다.

❽ 페이지 분석 → 시작 페이지

IP 기준이며 접속 후 1시간 이후 접속 시에는 페이지가 시작되는 곳에서 다시 카운트됩니다. 외부 사이트에서 내 사이트로 처음 접속할 때 해당 페이지로 가장 처음 접속된 횟수입니다.

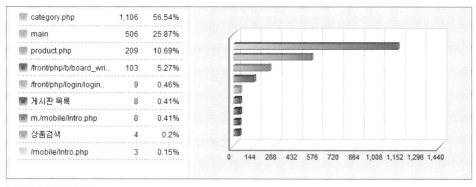

	횟수	비율
category.php	1,106	56.54%
main	506	25.87%
product.php	209	10.69%
/front/php/b/board_wri..	103	5.27%
/front/php/login/login..	9	0.46%
게시판 목록	8	0.41%
m./mobile/Intro.php	8	0.41%
상품검색	4	0.2%
/mobile/Intro.php	3	0.15%

[시작 페이지 접속 통계]

- 보통 시작 페이지는 메인 페이지(또는 인덱스 페이지)이지만, 특정 사이트에서 링크를 서브 페이지로 하는 경우 또는 검색 엔진에서 검색된 페이지도 시작 페이지가 될 수 있습니다. 유도한 시작 페이지가 아닌 다른 페이지로 방문자가 많이 들어온다면 적절한 링크 등을 배치하여 메인 페이지로 유도하여야 합니다.

- 종료 페이지 리포트와 비교해 처음 접속 후 바로 사이트를 떠난 경우라면 페이지의 내용을 방문자의 목적에 맞게 보강할 필요가 있습니다.

❾ 페이지 분석 → 종료 페이지

IP 기준이며 접속 후 1시간 이후 접속 시에는 페이지가 종료되는 곳에서 다시 카운트됩니다. 해당 페이지에서 종료된 횟수로 해당 페이지 접속 이후 이동 없이 1시간이 경과하면 종료된 것으로 집계합니다.

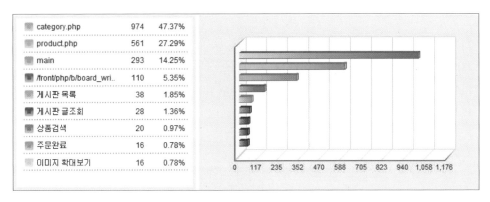

[종료 페이지 통계 분석]

- **방문자가 방문 목적을 달성한 후 종료한 경우:** 매우 바람직한 경우입니다.
- **더 이상 내용을 찾을 수가 없어 포기하는 경우:** 시작 페이지 리포트와 비교해 처음 접속 후 바로 사이트를 떠난 경우라면 페이지의 내용을 방문자의 목적에 맞게 보강할 필요가 있습니다.
- 내용이 많고 자세하여 세션(30분) 종료 시까지 읽거나 페이지를 열어 놓은 채로 장시간 자리를 비운 경우

⑩ 페이지 분석 → 많이 찾는 페이지

사이트의 웹 페이지 중 방문자가 가장 많이 본 순서대로 통계를 보여줍니다. '환경설정 → 페이지 이름 설정'에 이름을 등록한 경우 등록한 이름이 보입니다.

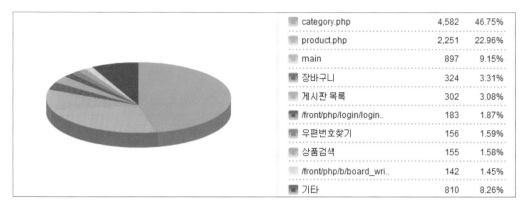

category.php	4,582	46.75%
product.php	2,251	22.96%
main	897	9.15%
장바구니	324	3.31%
게시판 목록	302	3.08%
/front/php/login/login..	183	1.87%
우편번호찾기	156	1.59%
상품검색	155	1.58%
/front/php/b/board_wri..	142	1.45%
기타	810	8.26%

[많이 찾는 페이지]

- 인기 페이지를 통해 방문자의 관심 성향을 알 수 있습니다.
- 메인 페이지의 방문당 페이지 뷰가 높다면 서브 페이지의 콘텐츠를 찾지 못했거나 콘텐츠 이동이 자유롭지 않은 경우일 수 있습니다.

TIP

접속 통계 분석은 쇼핑몰 운영의 핵심입니다. 방대한 데이터를 통해 고객의 행동 패턴을 정확하게 파악하고, 분석 결과로 효과적인 마케팅 전략을 수립할 수 있기 때문입니다.

대표적으로 트래픽을 확인하여 요일별, 시간별 타임 이벤트를 하거나, 신규 고객, 재방문 고객을 분석하여 출석 체크 등 고객 참여형 이벤트를 진행하거나, 회원 차별화 전략을 통해 매출을 증대할 수 있습니다. 이 외에도 데이터를 통해 다양한 이벤트를 기획할 수 있습니다.

Part. 6
유튜브 광고 이해 및 실행

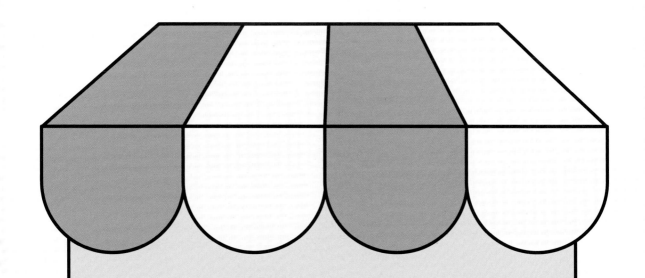

유튜브 쇼핑의 첫걸음!
채널 성장을 위한 광고

유튜브 쇼핑 기능 활용을 위한 채널의 수익 창출 요건을 달성하기 위한 최적화된 광고로는 건너뛸 수 없는 광고, 디스커버리, 비디오 리치 캠페인 2.0, 비디오 액션 광고, 트루 뷰 인스트림, 트루 뷰 포리치 등 채널 성장 광고가 있습니다.

1 ▶ 건너뛸 수 없는 인스트림 광고

그럴 땐 airbnb.

시간이 지나야만 광고를 종료할 수 있습니다.

- **특징:** 시청자가 다른 동영상을 보기 전에 반드시 시청해야 하는 15초 또는 30초짜리 광고입니다.
- **장점:** 높은 노출률과 시청률을 확보할 수 있습니다.
- **활용 방법:** 강력한 인상을 심어 주고 싶은 메시지를 전달할 때 효과적입니다. 예를 들어 새로운 제품 출시, 주요 이벤트 홍보 등에 활용할 수 있습니다.

목표	인지도 증대
게재 방식	위치: YouTube 영상 시청 페이지 기기: 데스크탑 및 모바일 웹/앱, 연결된 기기(스트리밍, 게임 콘솔, TV)
구매 방식	일반 경매형: 타겟 CPM 입찰(목표 CPM 단가를 입찰가로 설정하여 노출) 빠른예약: 고정 CPM 입찰(전체 예산 & 기간을 입력하면 이에 따라 계산된 예상 노출 범위 & CPM 단가로 구매)
추천 타겟팅	인구 통계, 상세한 인구 통계, 관심 분야, 맞춤 관심 분야
작동 방식	• 스킵 불가 포맷이지만, 구글애즈를 통해서 대행사/광고주가 직접 구매 및 설정 가능 • 일반 경매형 혹은 빠른 예약 방식 중 선택하여 구매 가능 • 최소 예산 조건이 없으며, 타겟팅에 따른 단가 할증이 존재하지 않음 • 최소 기간 조건은 없으나 3일 이상 강력 권장 • 논스킵 광고는 강제 시청에 해당하므로 리마케팅 모수 생성 불가
소재 제작 가이드	• 소재 길이 15초로 제한 • 기존 TVC 소재 그대로 활용해도 무방함 • 디지털용으로 별도 제작하는 경우, 영상 초반에 눈길을 끄는 요소 배치 • 브랜드 및 콜투액션을 강조한 컷 함께 활용

 용어 정리

CPM은 광고 비용 산정 방식이고, 리마케팅은 광고 타겟팅 방법이며, 콜투액션은 광고의 목표 달성을 위한 수단입니다. 즉, CPM 방식으로 리마케팅 광고를 집행하고, 콜투액션을 통해 사용자의 행동을 유도하는 것이 일반적인 광고 운영 방식입니다. 용어를 상세히 알아보겠습니다.

① CPM(Cost Per Mille): 1,000회 노출당 비용입니다. 광고가 1,000번 노출될 때 지불해야 하는 금액으로, 만약 광고 단가가 100원이라고 하면 1,000회 노출 비용으로 100,000원이 듭니다.

② 리마케팅: 이전에 웹사이트를 방문했거나 특정 행동을 취한 사용자에게 다시 광고를 노출하는 것을 의미합니다. 리마케팅에는 웹사이트 방문자 리마케팅, 이벤트 리마케팅, 고객 목록 리마케팅이 대표적입니다.
- 웹사이트 방문자 리마케팅: 웹사이트를 방문했지만 구매하지 않은 사용자에게 다시 광고를 노출하여 구매를 유도합니다.
- 이벤트 리마케팅: 특정 페이지를 방문하거나 특정 이벤트를 발생시킨 사용자에게 맞춤형 광고를 제공합니다.
- 고객 목록 리마케팅: 기존 고객의 정보를 활용하여 더욱 정확하게 타겟팅된 광고를 제공합니다.

③ 콜투액션(Call to Action): 광고를 보는 사용자에게 특정 행동을 유도하는 문구나 버튼을 의미합니다. 예를 들어 "무료 상담 신청" 버튼을 노출하거나, "자세히 알아보기" 버튼을 클릭하면 웹사이트로 연결하는 방식입니다. 사용자를 상세 페이지로 유입시키기 위해 사용합니다.

2 ▶ 디스커버리 광고

구글 프리미엄 O&O(owned&operated) 이미지 지면에 도달하여 탐색 중인 소비자를 전환으로 유도하는 솔루션입니다.

- **특징:** 유튜브 검색 결과 페이지, 관련 동영상 목록, 홈 피드 등에 표시되는 광고입니다.
- **장점:** 자연스럽게 시청자의 시선을 끌 수 있으며, 높은 클릭률을 기대할 수 있습니다.
- **활용 방법:** 채널이나 제품에 대한 인지도를 높이고 싶을 때 효과적입니다. 예를 들어, 새로운 채널 소개, 제품 홍보, 이벤트 안내 등에 활용할 수 있습니다

목표	전환 극대화, 고려도 증대, 효율적으로 타겟 도달 확정
게재 방식	위치: YouTube 홈피드, 디스커버 피드, 지메일 기기: 데스크탑 및 모바일 웹/앱
구매 방식	**입찰 방식** • 타겟 CPA: 타겟 CPA로 전환수 최대화 • 전환수 최대화: 일예산 안에서 최대한 많은 전환 수 확보 • 타겟 ROAS: 타겟 광고 투자수익으로 전환 가치 극대화 • 전환 가치 극대화: 설정된 예산에서 전환 가치 극대화 • 클릭수 최대화: 신규 고객에 value를 더하는 전환 가치 극대화
추천 타겟팅	**1순위** 맞춤 잠재고객, 유사 잠재고객, 리마케팅, 유튜브 시청 모수, 타겟팅 최적화 **2순위** 구매 의도, 관심사 등 상위 퍼널로 서서히 확장
필요한 광고 소재	• 헤드라인 & 광고문안 • 이미지 소재: landscape 1:1.91, square 1:1, portrait 4:5 • 최종 도착 URL (전환 태그 삽입) • 콜투액션 (CTA)

용어 정리

① **CPA(Cost Per Action):** 특정 행동 1회 발생 시 지불하는 광고 비용입니다. 예를 들어 웹사이트 방법, 제품 구매 클릭, 앱 설치, 전화 문의 등이 이뤄질 때마다 비용이 지불됩니다.

② **ROAS(Return On Ad Spend):** 광고 지출 대비 얻는 수익의 비율입니다. 예를 들어 광고 비용을 10만 원 투자하여 매출 100만 원을 달성했다면 아래와 같은 공식으로 계산합니다.

$$ROAS = (광고를 통해 얻은 매출)/(광고 비용) * 100$$

ROAS가 1000이라는 것은 광고에 1원을 투자했을 때, 10원의 매출을 얻었다는 의미이며, ROAS는 1000%라고 표현합니다.

③ **퍼널:** 퍼널은 상위 퍼널과 하위 퍼널이 있습니다. 상위 퍼널은 고객이 처음 어떤 제품이나 서비스에 대해 관심을 갖는 단계입니다. 예를 들어 "새로운 스마트폰이 나왔나?"라고 궁금해하는 단계입니다. 하위 퍼널은 구체적인 제품이나 서비스를 비교하고, 구매를 결정하는 단계입니다. 예를 들어 "A사 스마트폰과 B사 스마트폰 중 어떤 것을 살까?"라고 고민하는 단계입니다. "상위 퍼널로 서서히 확장"한단 말은, 처음에는 넓은 범위의 관심사를 가진 고객들에게 광고를 노출하여, 점차적으로 특정 제품이나 서비스에 대한 구체적인 관심을 갖도록 유도한다는 의미입니다.

3 〉 비디오 리치 캠페인 2.0

머신러닝을 기반으로 인벤토리를 활용하여 도달을 극대화하는 광고입니다. "Maximum Unique Reach & Efficient CPMs(최대 고유 도달 범위와 효율적인 CPM)"를 모토로 합니다.

| 트루뷰 포 리치 | 범퍼애드 | 인피드 지면 | 쇼츠 |

인스트림 지면

- **특징:** 동영상 광고와 함께 웹사이트 방문, 제품 구매 등의 행동을 유도하는 카드를 결합한 광고입니다.
- **장점:** 높은 참여율과 전환율을 기대할 수 있습니다.
- **활용 방법:** 제품 구매나 서비스 가입 등 구체적인 행동을 유도하고 싶을 때 효과적입니다. 예를 들어, 온라인 쇼핑몰 제품 홍보, 서비스 가입 유도 등에 활용할 수 있습니다.

목표	도달 극대화, YouTube의 다양한 지면을 활용한 효율적인 노출 확보
게재 방식	위치: YouTube 영상 시청 페이지 기기: 데스크탑, 모바일, 태블릿, TV
구매 방식	일반 경매형: 타겟 CPM 지면 추가: 기존 인스트림 지면(트루뷰 포리치, 범퍼애드 등)에 인피드 지면과 쇼츠 지면 추가
미디어 목표	• 효율적인 도달을 위한 최적화 • 머신러닝 기반의 사용자 의도에 맞춘 광고 노출

<인피드(in-feed)>

사용자가 주로 보는 콘텐츠 흐름 속에 자연스럽게 광고가 삽입되는 형태를 말합니다. 예를 들어 유튜브 영상 사이에 동영상 형태로 노출되는 광고를 볼 수 있습니다. 페이스북의 경우는 뉴스피드에 이미지 또는 동영상 형태로 노출되는 광고이고, 인스타그램의 경우는 인스타그램 피드에 이미지 또는 동영상 형태로 노출되는 광고입니다.

4 ▶ 비디오 액션 광고

단 하나의 캠페인으로 모든 비디오 지면에 도달하는 전환형 비디오 솔루션입니다.

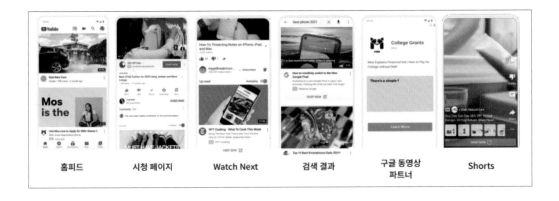

| 홈피드 | 시청 페이지 | Watch Next | 검색 결과 | 구글 동영상 파트너 | Shorts |

- **특징:** 동영상 광고의 마지막에 CTA(Call to Action) 버튼을 추가하여 시청자의 행동을 유도하는 광고입니다.
- **장점:** 높은 전환율을 기대할 수 있습니다.
- **활용 방법:** 제품 구매, 서비스 가입, 이벤트 참여 등 구체적인 행동을 유도하고 싶을 때 효과적입니다. 예를 들어 신규 고객 유치, 이벤트 참여 유도, 제품 판매 증대 등에 활용할 수 있습니다.

목표	전환 극대화, 고려도 증대, 효율적으로 타겟 도달 확장
게재 방식	위치: YouTube 영상 시청 페이지 기기: 데스크탑 및 모바일 웹/앱, CTV
구매 방식	**입찰 방식** • 타겟 CPA: 타겟 CPA로 전환 수 최대화 • 전환수 최대화: 일예산 안에서 최대한 많은 전환 수 확보 • 타겟 ROAS: 타겟 광고 투자수익으로 전환 가치 극대화 • 전환 가치 극대화: 설정된 예산에서 전환 가치 극대화 • NCA(신규 고객 확장): 신규 고객에 value를 더하는 전환 가치 극대화
필요한 광고 소재	**인스트림 / GVP 지면** • 영상 URL (가로형, 세로형), 최종 도착 URL (전환 태그 삽입) **인피드 지면** • 영상 URL • 최종 도착 URL (전환 태그 삽입) • 헤드라인 • 설명1, 설명2 • 콜투액션 / 콜투액션 헤드라인

용어 정리

<GVP(Guaranteed Views per 1,000 Impressions)>

1,000회 노출당 보장되는 조회 수를 의미합니다. 유튜브 광고를 1,000회 노출시키면 최소한 GVP에 설정된 수만큼의 조회 수를 보장받을 수 있습니다. GVP가 높을수록 광고가 더 많은 사람들에게 노출되고 있다는 의미입니다.

스킵 가능 광고로, 조회 가능성이 높은 유저에게 도달합니다.

- **특징:** 시청자가 5초 후에 건너뛸 수 있는 6초 이하의 짧은 광고입니다.
- **장점:** 높은 노출률로 브랜드 인지도를 높일 수 있습니다.
- **활용 방법:** 브랜드나 제품을 간략하게 소개하고 싶을 때 효과적입니다. 예를 들어, 브랜드 인지도 향상, 제품 출시 알림, 이벤트 홍보 등에 활용할 수 있습니다.

목표	인지도 및 고려도 증대, 영상 시청 유도
게재 방식	위치: YouTube 영상 시청 페이지 기기: 데스크탑 및 모바일 웹/앱, 연결된 기기(스트리밍, 게임콘솔, TV)
구매 방식	입찰 방식: CPV 입찰 • 30초 이하: 영상을 끝까지 시청하였을 때 과금 • 30초 이상: 영상을 30초 이상 시청하였을 때 과금 • 홈페이지 방문/ CTA(click-to -action) 클릭하였을 때 과금

<CTA(Click-to-Action)>

사용자에게 특정 행동을 유도하기 위해 디자인된 버튼, 링크, 문구 등을 의미합니다. 사용자가 광고나 웹사이트에서 특정한 행동(클릭, 구매, 가입 등)을 하도록 유도하는 것을 목표로 합니다.

노출 확대를 위해 캠페인을 최적화하는 스킵 가능한 CPM 기반의 인스트림 광고입니다.

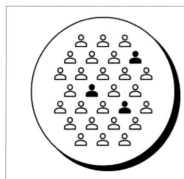

Reach + Ad Recall

10개 중 9개의
트루뷰 포 리치 캠페인에서
평균 20% 이상의 광고 상기도 기록

- **특징:** 유튜브 검색 결과 페이지에 표시되는 광고입니다.
- **장점:** 높은 클릭률을 기대할 수 있습니다.
- **활용 방법:** 채널이나 제품에 대한 인지도를 높이고 싶을 때 효과적입니다. 예를 들어 새로운 채널 소개, 제품 홍보, 이벤트 안내 등에 활용할 수 있습니다.

목표	인지도 증대, 효율적으로 타겟 도달 확장
게재 방식	위치: YouTube 영상 시청 페이지 기기: 데스크탑 및 모바일 웹/앱, 연결된 기기(스트리밍, 게임 콘솔, TV)
구매 방식	일반 경매형: 타겟 CPM 입찰(목표 CPM 단가를 입찰가로 설정하여 노출) 빠른예약: 고정 CPM 입찰(전체 예산 & 기간을 입력하면 이에 따라 계산된 예상 노출범위 & CPM 단가로 구매)
작동 방식	• 효율적인 CPM으로 도달 극대화를 원하는 상위 퍼널 캠페인에 적합 • 일반 경매형 혹은 빠른예약(Instant Reserve) 방식 중 선택하여 구매 가능 • 영상을 조회할 가능성이 높은 유저보다 효율적인 CPM으로 도달할 수 있는 유저를 중심으로 광고 노출(일반 인스트림보다 조회율 낮음) • 목적에 따라 게재 빈도 제어 추가

저자의 말말말

이제 누구나 쉽고 간편하게 광고를 설정하여 시작할 수 있습니다. 또한, 인공지능이 사용자의 관심사를 정확하게 파악하여 맞춤형 광고를 제공해 더욱 효과적인 마케팅이 가능해지고 있습니다. 이제 유튜브 쇼핑을 통해 여러분의 콘텐츠와 상품을 세상에 선보이고 꿈을 향해 나아가세요! 최근 유튜브 쇼핑 진출 및 성공 사례가 많이 나오고 있습니다. 다른 사람의 이야기가 아닌 나의 이야기가 될 수도 있습니다.

지디넷코리아 PiCK · 2일 전 · 네이버뉴스   ⋮

카페24-더에스엠씨그룹 협업..."**유튜브 쇼핑** 판 넓힌다"

앞으로 더욱 다양한 예능 콘텐츠와 **유튜브 쇼핑**이 결합될 전망이다. 글로벌 전자상거래 플랫폼 카페24(대표 이재석)는 뉴미디어 종합 콘텐츠 기업 '더에스엠씨그룹'과 **유튜브 쇼핑** 활성화를 위한 업무협약(MOU)을 체결...

카페24·더에스엠씨그룹, **유튜브 쇼핑** 활성화 협약 연합뉴스 · 2일 전 · 네이버뉴스

"**유튜브 쇼핑** 판 넓힌다" 카페24, 더에스엠씨그룹과 '맞손' 뉴시스 · 2일 전 · 네이버뉴스

카페24, 더에스엠씨그룹과 MOU...**유튜브 쇼핑** 판 넓힌다 이데일리 · 2일 전 · 네이버뉴스

카페24, 더에스엠씨그룹과 MOU...**유튜브 쇼핑** 판 넓힌다 서울경제 · 2일 전 · 네이버뉴스

관련뉴스 26건 전체보기

브릿지경제 · 3시간 전   ⋮

충청북도 공식 온라인 **쇼핑몰** 온충북 오픈

경우 인터넷 검색창을 통해 온충북을 검색하면 누구나 쉽게 접근할 수 있으며, 명절기획전(~9월 10일까지)으로 구매가의 30% 할인가, 신규 회원가입시 3천원 마일리지 제공 등 다양한 혜택도 받을 수 있다. 충북=조신희...

충북도 공식 온라인 **쇼핑몰** '온충북' 개설 중도일보 · 9시간 전

충북도 공식 온라인 **쇼핑몰** '온충북' 오픈...**유튜브** 연계 운영 충북일보 · 5시간 전

충북도 공식 온라인 **쇼핑몰** '온충북' 오픈 충청매일 · 4분 전

충북도 공식 온라인 **쇼핑몰** '온충북' 오픈 금강일보 · 11시간 전

유튜브 광고 실행

2

이번 장에서는 실제로 유튜브 광고를 세팅하고 실행하는 방법에 대해 알아보겠습니다.

01 유튜브 광고를 진행하기 위해 구글 애즈(https://ads.google.com) 사이트에 접속하여 [지금 시작하기] 버튼을 클릭합니다.

02 첫 번째 캠페인 만들기 화면이 나옵니다. 업체 이름 및 유튜브 채널 이름을 입력하고, 광고를 클릭한 사용자가 도달한 웹 페이지 또는 쇼핑몰 주소를 입력한 후에 [다음] 버튼을 클릭합니다.

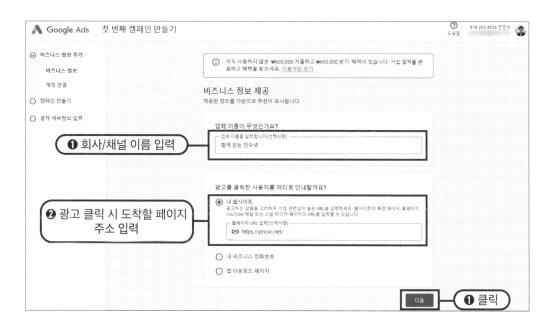

03 연결된 계정 화면이 나옵니다. 유튜브 채널을 연결하기 위해 [연결]버튼을 클릭합니다.

04 새 유튜브 연결 생성하기 화면이 나옵니다. 자동으로 검색된 채널이 자신의 유튜브 채널이 맞다면 [다음] 버튼을 클릭하면 됩니다.

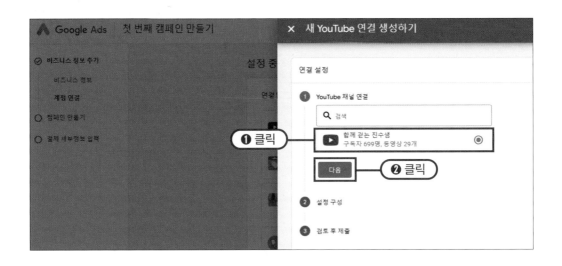

05 연결 설정 화면에서 설정 구성의 내용을 확인하고 [다음] 버튼을 클릭합니다.

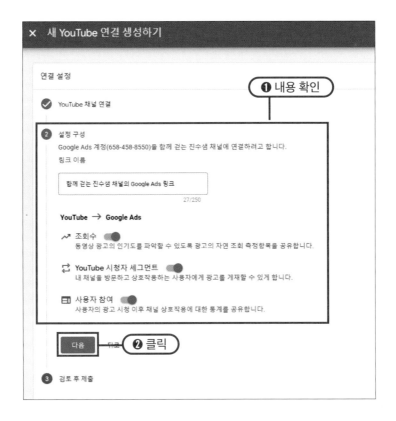

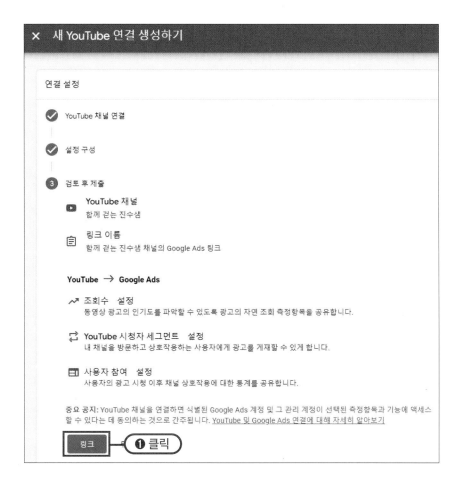**06** 설정한 화면이 나오는 것을 볼 수 있으며, [링크] 버튼을 클릭하면 설정이 완료됩니다.

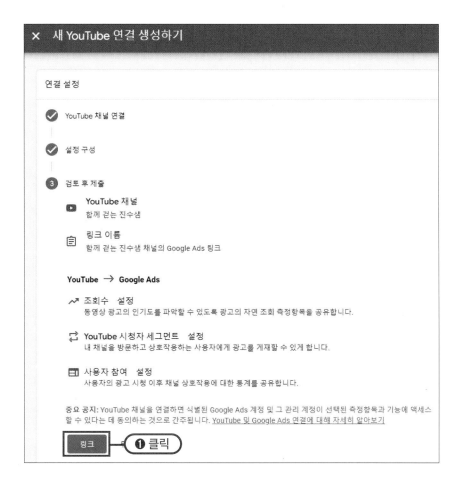

07 연결 완료가 되었다는 문구가 뜹니다. 하단에 있는 [완료] 버튼을 클릭합니다.

08 유튜브가 연결된 것을 확인한 후에 캠페인 화면 하단에 있는 [다음] 버튼을 클릭합니다.

09 추후 성과 측정을 위해 구글 애널리틱스를 연결합니다. 화면의 하단에 있는 [구글 애널리틱스 연결] 버튼을 클릭합니다.

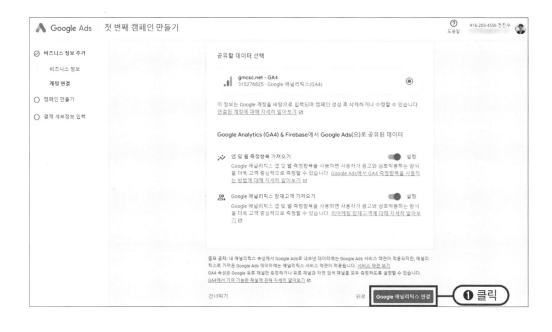

10 캠페인의 목표를 설정하는 화면이 나오는 것을 볼 수 있습니다. [브랜드 인지도] 항목을 선택하고 [다음] 버튼을 클릭합니다.

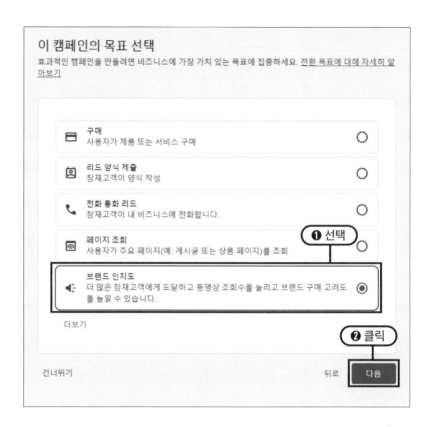

<캠페인 목표>

• **구매:** 광고를 보고 실제 제품이나 서비스를 구매하는 행위, 전자상거래 사이트에서 물건을 구매하거나, 앱에서 결제하는 등의 행동이 포함됩니다.

• **리드 양식 제출:** 광고를 보고 웹사이트 내에 있는 연락처 양식, 이메일 구독 신청 등을 제출, 잠재고객의 정보를 확보하기 위한 중요한 지표로 사용합니다.

• **전화 통화 리드:** 광고를 보고 웹사이트에 게시된 전화번호로 직접 전화를 걸어 상담을 요청하는 경우이며, 높은 구매 의사를 가진 고객일 가능성이 높습니다.

• **페이지 조회:** 광고를 클릭하여 웹사이트의 특정 페이지를 방문하고, 어떤 페이지를 조회했는지를 알아볼 수 있으며, 사용자가 광고 내용에 얼마나 관심을 가지고 있는지 파악하는 데 도움이 됩니다.

• **브랜드 인지도:** 많은 잠재고객에게 동영상을 조회할 수 있도록 노출하며, 나의 브랜드를 기억하고, 제품의 구매 매력도를 높이는 데 도움이 됩니다.

11 캠페인 유형에서 [동영상]을 선택합니다.

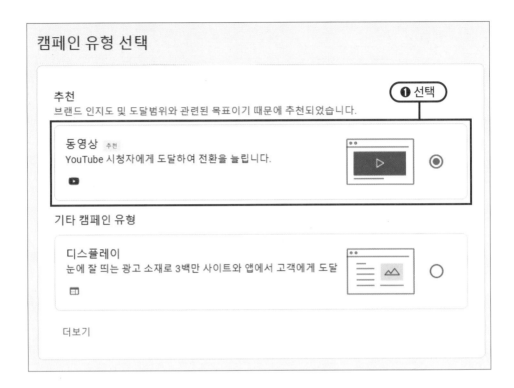

<캠페인 유형 이해>

• **동영상:** 유튜브 시청자를 대상으로 브랜드 인지도 향상, 참여 유도, 웹사이트 유입, 영상 및 유튜브 쇼핑에 대한 전환율을 높일 때 사용합니다.

• **디스플레이:** 이미지, 텍스트, 배너 형태의 광고로, 구글 검색 결과 페이지, 파트너 웹사이트 등 다양한 곳에 노출됩니다. 사용자의 검색어나 관심사에 따라 타겟팅하여 광고를 노출할 수 있습니다.

12 캠페인 하위유형에서 [동영상 조회 수]를 선택하고 [다음] 버튼을 클릭합니다.

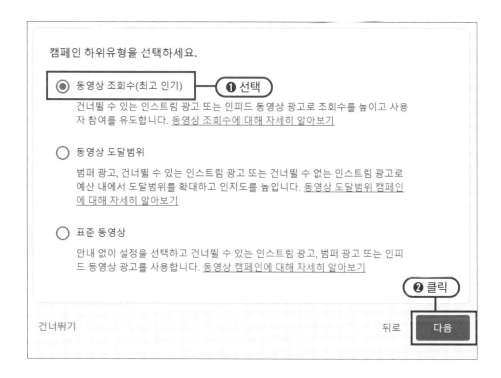

13 광고 집행을 위한 세부 설정 화면이 나오는 것을 볼 수 있습니다. [캠페인 예산]을 입력하고 하단으로 이동합니다.

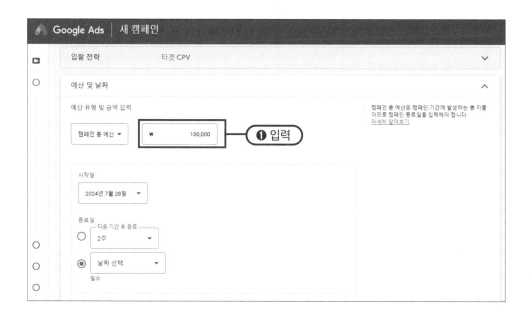

캠페인 예산은 일일 예산과 캠페인 총 예산으로 설정할 수 있습니다.

① **일일 예산**: 하루 동안 특정 광고 캠페인에 지출할 수 있는 최대 금액을 의미합니다. 신규 상품 출시를 위해 하루에 10만 원의 일일 예산을 설정했다는 것은 하루에 10만 원 이상의 광고 비용이 지출되지 않도록 하는 것을 의미합니다.

② **캠페인 총 예산**: 특정 광고 캠페인 기간 동안 전체적으로 지출할 수 있는 총 금액을 의미합니다. 신규 상품 출시 기간을 1달로 설정하고, 총 300만 원의 총예산을 설정했다는 것은 1달 동안 신규 상품 광고에 최대 300만 원까지 지출할 수 있다는 의미입니다.

14 캠페인 [위치] 및 [언어]를 선택하고 화면의 아래로 이동합니다.

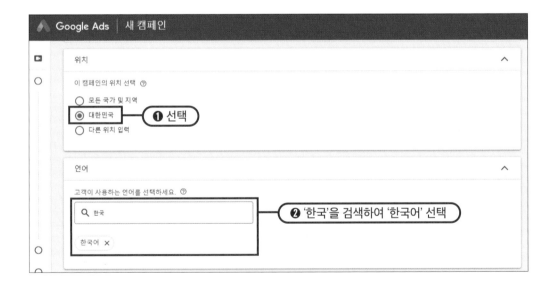

15 광고를 진행할 동영상의 주소를 입력합니다.

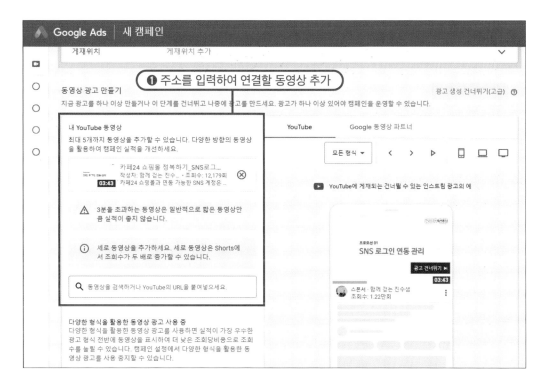

 체크해 보세요

카페24에서는 유튜브 쇼핑 활성화를 위해 크리에이터 협업 기능을 제공하고 있습니다. 아이템은 있는데 자신의 유튜브 콘텐츠만으로는 쇼핑몰을 활성화하기 어렵다면 인기 있는 크리에이터를 섭외하여 협업하는 것도 좋은 방법입니다.

https://www.cafe24.com/youtubeshopping/creator-outreach.html

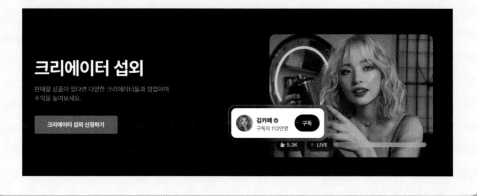

16 광고 집행 입찰가를 입력하고 [캠페인 만들기] 버튼을 클릭하면 심사를 거쳐 광고가 진행됩니다.

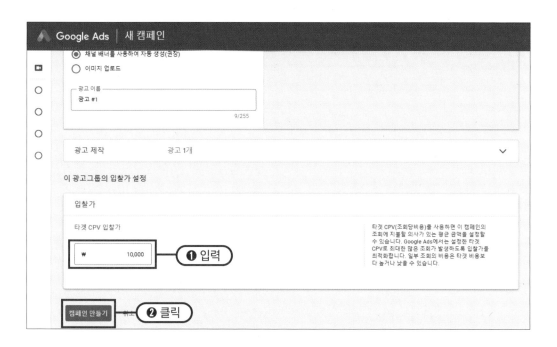

입찰가는 70원부터 설정할 수 있습니다. 여기서 말하는 70원은 1회 클릭 비용입니다. 70원으로 입찰하지만, 실제 운영 비용은 유튜브 알고리즘에서 70원 이하로 잡아서 진행합니다.
1회 클릭을 70원으로 정하고 하루 광고 지출 비용을 100,000원으로 설정하면 유튜브 시스템에서 예상 노출수와 조회 수, 평균 조회당 비용, 예산 지출 순사용자 도달범위를 예상 실적으로 보여줍니다.

① **예상 노출수**: 광고가 얼마나 많은 사람들에게 노출될 수 있는지를 가늠하는 지표입니다. 예상 노출수가 높을수록 더 많은 사람들이 광고를 볼 가능성이 높다는 것을 의미합니다.

② **조회 수**: 광고를 클릭하여 실제로 시청한 횟수입니다. 광고에 대한 시청자의 관심도를 나타내는 지표이며, 조회 수가 높을수록 광고가 시청자의 눈길을 끌고 있다는 것을 의미합니다.

③ **평균 조회당 비용(CPV:Cost Per View):** 광고가 한 번 조회될 때마다 지불해야 하는 비용입니다. 광고 효율성을 측정하는 중요한 지표이며, CPV가 낮을수록 효율적으로 광고를 집행하고 있다는 것을 의미합니다.

④ **예산 지출:** 설정한 예산을 어느 정도 사용했는지를 비율로 나타냅니다.

⑤ **순사용자 도달범위:** 광고 예산을 소비하여 도달한 고유 사용자의 수입니다. 광고가 얼마나 많은 고유 사용자에게 노출되었는지를 나타내는 지표입니다. 중복된 노출 없이 실제로 광고를 본 사용자의 수를 의미합니다.

〰 예상 실적		〰 예상 실적	
타겟팅, 설정, 일일예산 ₩100,000, 입찰가 ₩70에 근거한 예상치입니다.		타겟팅, 설정, 일일예산 ₩10,000, 입찰가 ₩70에 근거한 예상치입니다.	
조회수	노출수	조회수	노출수
1.5만~4.4만	33만~200만	1.6천~4.5천	4.3만~24만
평균 CPV	예산 지출	평균 CPV	예산 지출
₩10~₩46	95%~100%	₩9~₩43	95%~100%
순사용자 도달범위		순사용자 도달범위	
16만~76만		2.6만~15만	

예시 1) 일일예산 100,000원 / 입찰가 70원   예시 2) 일일예산 10,000원 / 입찰가 70원

초기에는 하루 5,000원에서 1만 원 사이의 예산으로 시작하여 광고 효과를 측정하고 점차 예산을 늘려나가는 것이 일반적입니다. 우선 월 30만 원 정도의 예산이 상품의 가격, 경쟁 강도, 목표 매출액 등을 고려하여 유동적으로 조절할 수 있는 적절한 시작점이라고 생각합니다.

유튜브 콘텐츠 제작과 유튜브 광고를 통해 브랜드 인지도를 높이고, 제품 또는 서비스에 대한 고려를 유도하여 최종적으로 유튜브 쇼핑 방문, 구매 등 원하는 행동으로 이어지도록 하는 것이 유튜브 광고 캠페인의 목적입니다. 유튜브 광고를 통해 원하는 목표를 꼭 달성해 보세요.

구글 비즈니스 프로필과
구글 서치 콘솔 이해

③

구글에서 쇼핑몰이 잘 노출되기 위해서는 구글 비즈니스 프로필과 구글 서치 콘솔을 설정해야 합니다. 두 가지 모두 구글 검색 결과에서 쇼핑몰의 가시성을 높이고, 잠재 고객에게 정확한 정보를 제공하는 데 중요한 역할을 합니다.

1 구글 비즈니스 프로필

구글 비즈니스 프로필은 Google 지도와 Google 검색 결과에 비즈니스 정보를 표시하는 무료 도구입니다. 쇼핑몰의 경우 정확한 주소, 전화번호, 영업시간, 상품 정보 등을 입력하여 고객이 쉽게 찾을 수 있도록 해야 합니다.

01 구글 검색으로 비즈니스 프로필을 검색하거나 주소 표시줄에 https://www.google.com/intl/ko_kr/business 주소를 입력하고 이동하면 아래와 같은 프로필 설정 화면이 나옵니다. [지금 관리하기] 버튼을 클릭합니다.

02 사용자 정보를 입력할 수 있는 창이 나옵니다. 해당 화면에 비즈니스 정보 및 쇼핑몰 주소를 입력하면 고객에게 비즈니스 프로필 정보가 노출됩니다.

<구글 비즈니스 프로필 설정 시 주의할 점>

- **정확한 정보 입력**: 비즈니스 이름, 주소, 전화번호, 영업시간 등 모든 정보를 정확하게 입력해야 합니다.
- **카테고리 선택**: 쇼핑몰의 종류에 맞는 카테고리를 정확하게 선택해야 합니다.
- **사진 등록**: 쇼핑몰의 외관, 내부, 상품 사진 등 고품질의 사진을 등록하여 신뢰도를 높입니다.
- **고객 리뷰 관리**: 고객 리뷰에 꾸준히 답변하고, 좋은 평가를 유도합니다.
- **구글 애널리틱스 연동**: 웹사이트 트래픽과 전환율을 분석하여 마케팅 전략에 활용합니다.

2 ▶ 구글 서치 콘솔 설정

구글 서치 콘솔은 구글 검색 결과에서 웹사이트가 어떻게 표시되는지 확인하고, 문제를 해결하며, 검색 엔진 최적화(SEO)를 할 수 있는 무료 도구입니다. 쇼핑몰의 경우, 검색 엔진에서 쇼핑몰이 어떤 키워드로 검색되는지, 어떤 페이지가 노출되는지 등을 분석하여 SEO 전략을 수립할 수 있습니다.

01 인터넷 주소에 구글 서치 콘솔을 검색하여 서치 콘솔 설정 화면에 접속하거나 인터넷 주소에 https://search.google.com/search-console 주소를 입력하고 이동합니다. 아래와 같은 화면이 나옵니다.

02 URL 접두어 화면에 쇼핑몰 주소를 입력하고 [계속] 버튼을 클릭하면 등록이 진행됩니다.

03 소유권 확인 화면이 나옵니다. 쇼핑몰 구글 서치 콘솔 화면에 붙여 넣기 위해 해당 내용에서 [복사] 버튼을 눌러 HTML 태그를 복사합니다.

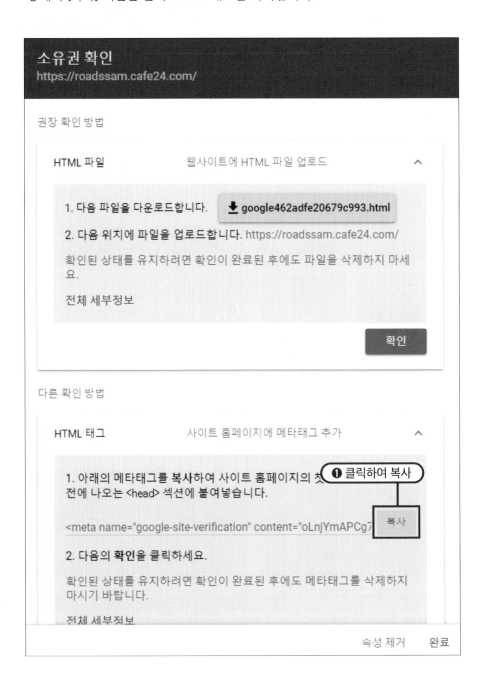

04 태그 소스를 붙여 넣기 위해 쇼핑몰 관리자 페이지로 이동합니다.

05 쇼핑몰 관리자 페이지 화면에서 [쇼핑몰 설정] 항목을 클릭하고 [기본 설정] 메뉴를 클릭한 후에 [검색 엔진 최적화]를 클릭합니다.

06 [검색엔진 서비스 연결] 항목을 클릭한 후에 구글 서치 콘솔 항목에 복사한 HTML 태그를 입력합니다. 태그를 입력하고 [저장하기] 버튼을 클릭합니다. 팝업창이 뜨면 [확인]을 클릭합니다.

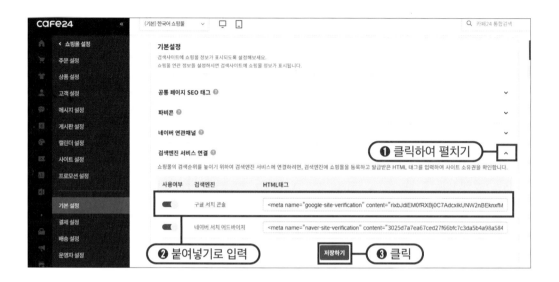

07 구글 서치 콘솔 화면으로 이동하여 [완료] 버튼을 클릭합니다.

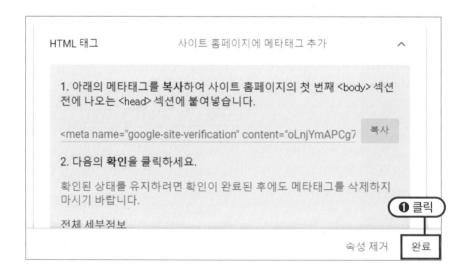

유튜브 쇼핑 이해

온라인 사업 이해

시스템 구축

상품 관리

운영 관리

유튜브 광고

지속적 운영

08 소유권이 확인되었다는 메시지가 나오는 것을 볼 수 있습니다. 해당 화면에서 [완료] 버튼을 클릭합니다.

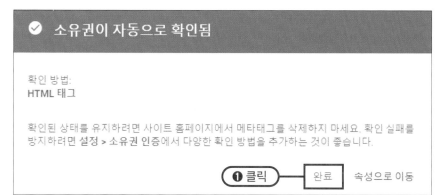

<구글 비즈니스 프로필과 구글 서치 콘솔 연동 효과>

• **검색 엔진 노출 증가**: 구글 검색 결과 상단에 쇼핑몰 정보가 노출되어 더 많은 고객에게 노출될 수 있습니다.

• **지역 검색 강화**: 지역 검색에서 쇼핑몰이 더 잘 노출되어 지역 고객이 유입될 수 있습니다.

• **신뢰도 향상**: 고객 리뷰와 정확한 정보 제공을 통해 쇼핑몰의 신뢰도를 높일 수 있습니다.

• **SEO 효과 증대**: 구글 서치 콘솔을 통해 SEO를 최적화하여 검색 엔진에서 검색 시 노출 순위를 높일 수 있습니다.

Part. 7
지속적인 유튜브 쇼핑
운영 방법

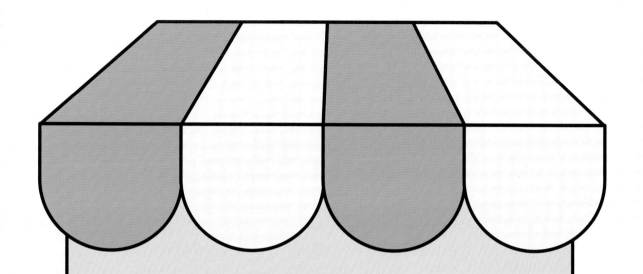

유튜브 쇼핑 업무 스케줄표

유튜브 쇼핑몰 운영은 다양한 업무들이 복잡하게 얽혀 있기에 체계적인 스케줄 관리가 필수입니다. 일간, 주간, 월간 단위로 구체적인 스케줄을 세우면 업무 효율을 높이고 목표 달성에 한 걸음 더 다가갈 수 있습니다.

1 > 일간 스케줄

일간 업무 우선순위를 정하여 중요한 업무부터 처리합니다. 시간별로 업무를 분담하여 집중도를 높이고 업무 완료 후 체크리스트를 사용하여 누락된 부분을 확인합니다. 주요 업무는 아래와 같습니다.

- **유튜브 콘텐츠 점검:** 유튜브 콘텐츠 점검 및 댓글 답변
- **주문 처리 및 배송:** 입금 확인, 포장, 배송 요청
- **고객 문의 응대:** 1:1 문의, 게시판, 채팅 상담
- **상품 등록 및 수정:** 신상품 등록, 품절 상품 처리, 가격 수정
- **마케팅 콘텐츠 제작:** SNS 게시글 작성, 이벤트 기획
- **재고 관리:** 재고 현황 확인, 부족 상품 발주
- **매출 분석:** 일일 매출 확인 및 분석

	A	B	C	D	E
	날짜	시간	업무 내용	담당자	비고
	2024년 10월 1일	10:00-12:00	오늘 주문 처리 및 배송 준비	김OO	택배사 연락 예정
		13:00-15:00	고객 문의 답변 (게시판, 1:1 문의)	이OO	미처리 문의 5건
		15:00-17:00	신상품 '봄맞이 원피스' 상세 페이지 수정	박OO	이미지 추가 필요
	2024년 10월 2일	10:00-12:00	SNS 게시글 작성 (겨울 코디)	김OO	해시태그: #겨울코디 #장갑
		13:00-15:00	재고 현황 확인 및 부족 상품 발주	이OO	니트 재고 부족
		15:00-17:00	다음 주 마케팅 계획 회의	팀 전체	화요일 오후 3시

[일일 업무처리 예시]

2 › 주간 업무

　　주간 목표를 설정하고, 매일의 업무가 주간 목표 달성에 기여하도록 계획합니다. 직원이 있는 경우는 팀 회의를 통해 업무 공유 및 피드백을 합니다. 주요 주간 업무는 아래와 같습니다.

- **유튜브 영상 기획 및 제작:** 상품관 연관된 유튜브 영상 기획 및 제작
- **주간 매출 분석 및 보고:** 일주일간의 유튜브 및 매출 데이터 분석, 문제점 파악 및 개선 방안 모색
- **마케팅 전략 실행:** 유튜브, SNS 이벤트 진행, 광고 집행
- **신규 상품 기획 및 개발:** 트렌드 분석, 상품 기획, 샘플 제작
- **고객 데이터 분석:** 고객 구매 패턴 분석, 맞춤형 마케팅 전략 수립
- **시스템 점검 및 업데이트:** 쇼핑몰 시스템 오류 점검 및 업데이트

3 › 월간 업무

　　월별 목표를 달성하기 위한 구체적인 실행 계획을 수립하고 월말에 다음 달의 목표를 설정하고, 스케줄을 미리 계획합니다. 주요 월간 업무는 아래와 같습니다.

- 유튜브 성장 목표 설정
- 월별 매출 목표 설정 및 달성을 위한 전략 수립
- 신규 상품 출시 계획 수립
- 마케팅 캠페인 기획 및 실행
- 재고 관리 계획 수립
- 시스템 개선 계획 수립
- 직원 교육 및 평가

4 ▶ 업무 스케줄표 예시

바쁜 쇼핑몰 운영 환경에서 업무 지연 및 소비자 관리 소홀은 흔히 발생하는 문제입니다. 이는 업무 과부하, 우선순위 설정의 어려움, 예상치 못한 변수 등 다양한 요인에 의해 발생할 수 있습니다. 하지만, 개인 맞춤형 스케줄링 전략을 수립하고 이를 실천함으로써 이러한 문제를 효과적으로 해결하고 업무 효율성을 높일 수 있습니다. 아래 예시처럼 만들어 보세요. 특히 처리 여부 항목은 필수입니다.

구분	업무 내용	처리 여부	비고
일간			
주간			
월간			

자신만의 맞춤형 스케줄링 전략을 수립하고 꾸준히 실천하면 업무 효율성을 높이고, 소비자 만족도를 향상시켜 쇼핑몰 운영을 성공적으로 이끌 수 있습니다. 작은 변화부터 시작하여 점차 체계적인 시스템을 구축해 나가는 것이 중요합니다.

유튜브 쇼핑 운영을 위한 체크리스트

끊임없이 변화하는 시장 트렌드를 관찰하고 새로운 마케팅 기법을 습득하며, 고객의 목소리에 귀 기울여 만족도를 높이고, 데이터 분석을 통해 객관적인 의사 결정을 내리며, 경쟁사와 차별화된 강점을 지속적으로 강화하며 단기적인 이익보다는 장기적인 성장을 도모하는 것이 성공적인 쇼핑몰 운영의 핵심입니다. 아래의 체크리스트에 답변을 해보며 내가 혹시 부족한 부분은 없는지 발견된 부족한 부분을 채워나가 보세요.

체크리스트는 유튜브 쇼핑 채널 분석, 환경 분석, 제품 및 서비스 분석, 마케팅 분석, 운영 관리로 나누어 생각해 볼 수 있습니다. 하나씩 체크리스트를 보며 내가 답변할 수 있는 것과 없는 것을 분리해 봅니다.

1 ▶ 유튜브 쇼핑 채널 분석

① 채널 이름, 설명, 커버 이미지 등이 타겟 고객에게 명확하게 전달되고 있나요?

② 정확한 타겟 고객을 설정하고, 그들의 니즈에 맞는 콘텐츠를 제작하고 있나요?

③ 다양한 형태의 콘텐츠(언박싱, 리뷰, 튜토리얼 등)를 꾸준히 제작하고 있나요?

④ 영상, 음질, 자막 등 콘텐츠 퀄리티를 높이기 위해 노력하고 있나요?

⑤ 영상 제목, 설명, 태그에 적절한 키워드를 사용하여 검색 노출을 높이고 있나요?

⑥ 유튜브 쇼핑 기능을 제대로 활용하고, 상품 정보를 정확하게 입력했나요?

⑦ 판매하고자 하는 상품과 유튜브 쇼핑을 원활하게 연동했나요?

⑧ 주문 현황을 정기적으로 확인하고, 빠르게 처리하고 있나요?

⑨ 배송 업체와 연계하여 효율적인 배송 시스템을 구축했나요?

⑩ 고객의 불만을 최소화하기 위한 환불 및 교환 절차를 마련했나요?

2 > 환경 분석

① 최근 정부 정책 변화 중 쇼핑몰 운영에 영향을 미칠 만한 것은 무엇이 있을까요?

② 경기 침체가 쇼핑몰 매출에 어떤 영향을 미칠 것으로 예상하시나요?

③ 최근 소비자 트렌드는 무엇이며, 이를 쇼핑몰에 어떻게 반영할 수 있을까요?

④ 새로운 기술 도입으로 쇼핑몰 운영 방식은 어떻게 변화할 것으로 예상하시나요?

⑤ 주요 경쟁사의 강점과 약점은 무엇이며, 우리 쇼핑몰과의 차별점은 무엇일까요?

⑥ 새로운 경쟁자가 시장에 진입할 가능성은 얼마나 될까요?

⑦ 우리 제품의 대체재는 무엇이며, 이의 대응 방안은 무엇일까요?

⑧ 목표 고객층의 특징과 니즈는 무엇일까요?

⑨ 시장 규모는 얼마나 되며, 성장 가능성은 어떻게 예상하시나요?

⑩ 우리 제품의 수명 주기는 어떻게 될까요?

⑪ 목표 시장 점유율은 얼마로 설정할 수 있을까요?

3 > 제품 및 서비스 분석

① 경쟁 제품과 차별화되는 우리 제품의 가장 큰 장점은 무엇일까요?

② 고객의 니즈를 충족시키기 위해 제품을 어떻게 개선할 수 있을까요?

③ 품질 관리 시스템은 어떻게 구축하고 운영할 계획인가요?

④ 타겟 고객에게 우리 제품을 어떻게 인식시키고 싶은가요?

⑤ 브랜드 이미지를 구축하기 위한 전략은 무엇인가요?

⑥ 새로운 제품을 개발하기 위한 계획은 무엇인가요?

⑦ 기존 제품 라인을 유지하고 개선할 방안은 무엇인가요?

⑧ 안정적인 제품 공급을 위해 어떤 노력을 하고 있나요?

⑨ 재고 관리 시스템은 어떻게 운영하고 있나요?

4 ▷ 마케팅 전략

① 온라인 마케팅 채널 중 어떤 채널을 집중적으로 활용할 계획인가요?

② 오프라인 마케팅 채널은 어떻게 활용할 계획인가요?

③ 효과적인 콘텐츠 마케팅 전략은 무엇일까요?

④ 고객 데이터를 어떻게 활용하여 마케팅에 활용할 수 있을까요?

⑤ 고객 만족도를 향상시키기 위한 방안은 무엇인가요?

⑥ 효과적인 판촉 활동을 위해 어떤 프로모션을 진행할 계획인가요?

⑦ 이벤트를 통해 고객 참여를 유도하기 위한 아이디어는 무엇인가요?

5 ▷ 운영 관리

① 어떤 쇼핑몰 플랫폼을 사용하고 있으며, 만족도는 어떤가요?

② 쇼핑몰 디자인과 UI/UX를 개선하기 위한 계획은 무엇인가요?

③ 쇼핑몰 보안을 위해 어떤 조치를 하고 있나요?

④ 주문 처리 시스템은 얼마나 효율적인가요?

⑤ 배송 업체 선정 기준은 무엇인가요?

⑥ 배송 추적 시스템은 어떻게 운영하고 있나요?

⑦ 고객 문의에 얼마나 신속하게 응대하고 있나요?

⑧ CS 교육은 어떻게 진행하고 있나요?

⑨ 매출과 비용을 효과적으로 관리하기 위한 방법은 무엇인가요?

⑩ 세무 신고는 어떻게 진행하고 있나요?

저자의 말말말

체계적인 계획 수립과 실행, 꼼꼼한 체크리스트 활용, 데이터 기반의 개선, 그리고 지속적인 노력을 통해 업무 효율을 높이고 실수를 줄이며, 나아가 안정적인 수익을 창출하여 지속 가능한 유튜브 쇼핑 채널을 구축할 수 있습니다.

유튜브 쇼핑 사업 로드맵 작성

유튜브 쇼핑 성공을 위해서는 꾸준한 콘텐츠 제작, 데이터 기반 의사 결정, 트렌드 변화에 대한 유연한 대응, 그리고 필요에 따른 전문가 협력 등 다양한 요소를 체계적으로 관리하기 위한 로드맵 수립이 필수적입니다. 분기별로 나눠서 아래와 같이 작성해 보세요.

1 〉 1분기

기반 구축 및 콘텐츠 준비	
채널 설정 및 커뮤니티 구축	• 유튜브 채널 개설 및 프로필 설정 • 채널 아트, 소개, 태그 등 완벽하게 설정 • 타겟 고객 분석 및 커뮤니티 형성 (댓글, 이벤트 등)
콘텐츠 기획 및 제작	• 1분기 동안 선보일 콘텐츠 주제 및 형식 확정 (언박싱, 리뷰, 튜토리얼 등) • 샘플 영상 제작 및 시청자 반응 분석 • 촬영 장비, 편집 프로그램 준비 • 썸네일 제작 가이드라인 설정
상품 소싱 및 협력 업체 선정	• 판매할 상품 선정 및 소싱 채널 확보 • 협력 업체(제조사, 공급업체) 선정 및 계약 • 상품 관리 시스템 구축(재고 관리, 배송 관리 등)
쇼핑몰 연동	• 유튜브 쇼핑 기능 연동 설정 • 상품 정보 입력 및 연동 테스트 • 결제 시스템 연동(카드, 간편결제 등)
행정 절차	• 사업자등록 및 통신판매업 신고

유튜브 쇼핑 이해

온라인 사업 이해

시스템 구축

상품 관리

운영 관리

유튜브 광고

2 ▸ 2분기

채널 성장 및 매출 증대	
콘텐츠 업로드 및 홍보	• 주 2회 이상 꾸준히 콘텐츠 업로드 • SNS, 커뮤니티 등 다양한 채널을 활용한 홍보 • 유료 광고 (구글 애즈, SNS 광고 등) 진행
시청자 소통 강화	• 실시간 스트리밍, Q&A 진행 • 이벤트(경품 증정, 댓글 이벤트 등)를 통한 참여 유도 • 팬 커뮤니티 운영 (카카오톡 오픈채팅 등)
데이터 분석 및 개선	• 유튜브 분석 도구를 활용한 시청 데이터 분석 • 콘텐츠 성과 분석 및 개선 • 키워드 분석 및 최적화
매출 목표 설정 및 달성	• 월별, 분기별 매출 목표 설정 • 판매 데이터 분석 및 목표 달성을 위한 전략 수립 • 고객 만족도 향상을 위한 CS 시스템 구축

3 ▸ 3분기

차별화된 콘텐츠 제작 및 브랜드 구축	
차별화된 콘텐츠 기획	• 경쟁 채널 분석 및 차별화 포인트 발굴 • 콜라보레이션, 스페셜 기획 콘텐츠 제작 • 시즌별 테마 콘텐츠 기획
브랜드 스토리텔링	• 채널의 아이덴티티 확립 • 브랜드 스토리를 담은 콘텐츠 제작 • 쇼핑몰 디자인 개선 및 브랜딩
인플루언서 마케팅	• 타겟 고객층에 맞는 인플루언서 협업 • 제품 협찬 및 공동 마케팅 진행
고객 맞춤형 마케팅	• 고객 데이터 분석을 통한 타겟 마케팅 • 개인화된 추천 시스템 구축

안정적인 성장 및 확장	
채널 자동화 시스템 구축	• 영상 편집 자동화, 썸네일 제작 자동화 등 • 채널 관리 시스템 구축
다양한 판매 채널 확장	• 쿠팡, 네이버 스마트스토어 등 입점 • 오픈마켓 판매 전략 수립
해외 시장 진출 검토	• 해외 시장 조사 및 진출 가능성 검토 • 다국어 지원 및 해외 배송 시스템 구축
장기적인 성장 계획 수립	• 향후 5년간의 성장 목표 설정 • 새로운 사업 아이템 발굴 및 투자

이렇게 작성한 로드맵을 미리캔버스 프로그램을 활용하여 멋지게 디자인할 수 있습니다. [템플릿] 항목에서 '로드맵'을 검색하면 아래와 같은 템플릿이 나옵니다. 마음에 드는 템플릿을 선택하여 작성합니다.

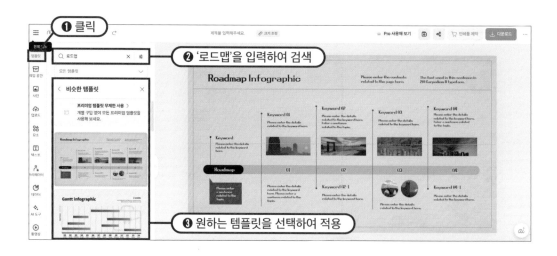

유튜브 쇼핑 고객 여정 지도 이해

유튜브 쇼핑에서 고객이 제품을 구매하기까지 거치는 단계는 크게 인지, 고려, 구매, 재구매 단계로 나눌 수 있습니다. 각 단계별 특징과 유튜브 쇼핑에 특화된 고객 행동을 자세히 살펴보겠습니다. 나의 소비자가 이렇게 나의 제품을 사게 될 것입니다. 이러한 여정 지도를 이해하고 어디를 강화해야 할지 고민해 봅니다.

1 ▶ 인지 단계

유튜브 콘텐츠 접촉	유튜브 추천 영상, 검색, 구독 채널 등을 통해 우연히 또는 의도적으로 제품이나 브랜드를 처음 접하게 됩니다.
흥미 유발	제품 시연, 사용 후기, 비교 분석 등 다양한 형태의 콘텐츠를 통해 제품에 대한 흥미를 느끼고, 구매 욕구가 생길 수 있습니다.
문제 인식	기존에 사용하던 제품의 불편함을 느끼거나, 새로운 제품에 대한 필요성을 인지하게 됩니다.

2 ▶ 고려 단계

정보 탐색	구매를 고려하는 제품에 대한 추가 정보를 검색합니다. 유튜브뿐만 아니라 다른 플랫폼(네이버, 인스타그램 등)에서도 관련 정보를 찾아보며 제품 비교를 합니다.
브랜드 평판 확인	유튜브 채널의 구독자 수, 조회 수, 댓글 등을 통해 브랜드의 신뢰도를 판단하고, 다른 소비자들의 후기를 참고합니다.
구매 의사 결정	다양한 정보를 바탕으로 구매 여부를 결정합니다. 유튜브 쇼핑 기능을 통해 바로 구매하거나, 쇼핑몰로 이동하여 구매를 진행합니다.

3 > 구매 단계

결제	유튜브 쇼핑 결제를 진행합니다.
배송 기다림	주문한 제품이 배송될 때까지 기다립니다.
제품 수령 및 사용	제품을 수령하고 실제로 사용해 봅니다.

4 > 재구매 단계

만족도 평가	구매한 제품에 대한 만족도를 평가하고, 추가 구매나 다른 제품 구매를 고려합니다.
재구매	제품에 만족한 경우, 동일한 제품 또는 다른 제품을 재구매합니다.
추천	만족한 제품을 주변 사람들에게 추천하거나, 유튜브 채널에 후기를 남깁니다.

 저자의 말말말

성공적인 비즈니스를 위해서는 유튜브 쇼핑 환경에서 고객의 행동을 면밀하게 분석하고 이해하는 것이 필수적입니다. 고객 여정 지도를 통해 고객이 제품을 인지하고, 고려하며, 구매하고, 재구매하는 각 단계에서 어떤 경험을 하고 있는지 파악할 수 있습니다. 이를 바탕으로 고객의 니즈를 충족시키고 만족도를 높이는 맞춤형 마케팅 전략을 수립한다면, 어느덧 접속자도 조금씩 늘어나고 매출도 증가하는 모습을 볼 수 있습니다.

저 또한 유튜브 쇼핑을 시작한 지 얼마 되지 않았지만 조금씩 방문자가 늘고 있으며, 기존 매출에 더하여 유튜브 쇼핑을 통해 접속한 사람들의 매출도 조금은 잡히고 있습니다. 앞으로 더욱 노력하여 유튜브 쇼핑을 키워가기 위해 준비하며, 함께 원하는 꿈을 이루기 위해 노력해 봅시다.